Cuando la **comida** calla mis *sentimientos*

Adriana Esteva

Cuando la **comida** calla mis *sentimientos*

Diseño de portada: Sergio Ávila F.
Fotografía de portada: © Veniamin Kraskov / dreamstime
Fotografía de la autora: Mariana Dorantes

© 2013, Adriana Esteva
Derechos reservados

© 2013, Editorial Planeta Mexicana, S.A. de C.V.
Bajo el sello editorial DIANA M.R.
Avenida Presidente Masarik núm. 111, 2o. piso
Colonia Chapultepec Morales
C.P. 11570, México, D.F.
www.editorialplaneta.com.mx

Primera edición: junio de 2013
ISBN: 978-607-07-1670-6

Nota aclaratoria: Aunque se han cambiado algunos de los nombres de las personas que aparecen en los testimonios, todo lo que se ha escrito en las siguientes páginas es verdad.

No se permite la reproducción total o parcial de este libro ni su incorporación a un sistema informático, ni su transmisión en cualquier forma o por cualquier medio, sea éste electrónico, mecánico, por fotocopia, por grabación u otros métodos, sin el permiso previo y por escrito de los titulares del *copyright*.
La infracción de los derechos mencionados puede ser constitutiva de delito contra la propiedad intelectual (Arts. 229 y siguientes de la Ley Federal de Derechos de Autor y Arts. 424 y siguientes del Código Penal).

Impreso en los talleres de Litográfica Ingramex, S.A. de C.V.
Centeno núm. 162, colonia Granjas Esmeralda, México, D.F.
Impreso y hecho en México - *Printed and made in Mexico*

Dedico este libro...
A los dos maravillosos seres que aceptaron el reto de traerme a esta vida.
A mis grandes maestras, Carla y Daniela.
Pero, sobre todo, a esa pequeña que esperó cuarenta y dos años para ser escuchada...

Contenido

Prólogo 11

Introducción 17

Capítulo uno. La mesa puesta 23
    "Si no adelgazas vas a sufrir como yo" 23
    Yo, la gorda 27
    El sentimiento de no pertenecer 30
    Mi forma de comer como vehículo de crecimiento 32
    La relación con la comida 36
    Con melón o con sandía
        (gordura contra delgadez) 62
    No se trataba de cerrar la boca 65

Capítulo dos. Yo aquí no quiero estar 66
    Volviéndome invulnerable 66
    El deseo de escapar… ¿de qué? 71
    ¿Por qué no quiero sentir? 73
    Esas cosas rarísimas llamadas sentimientos 75

¿Qué tienen que ver mis sentimientos
   con mi forma de comer? 76
Dejen de etiquetarme 78

Capítulo tres. Como como vivo 85
Mi plato, mi mundo 85
¿A quién me quiero comer? 93
¿Qué no me permito comer? 95
¡Me da miedo tener hambre! 96
¿De qué tengo hambre? 98
¿Qué, cómo, cuándo, cuánto comer? 102
¿Qué me lleva a comer sin hambre física? 110
No tengo que comer algo solo porque me lo das 114
Restrictiva o permisiva:
   dos caras de la misma moneda 116
Diferencia entre restricción y resistencia 118
¡Quiero controlar este descontrol! 119
Compulsión contra atención 121
Ese laberinto llamado atracón 123
¡Nunca estoy satisfecha! 128
¿De qué cargo mi comida? 130
Todo mi placer desperdiciado
   en una bolsa de papas fritas 133

Capítulo cuatro. El peso, mi fiel aliado 135
Cuando sea delgada seré feliz 135
El papel de las creencias, ¿según quién? 140
¿Quiero adelgazar o estar adelgazando? 145
"Si no me necesitaras, no estaría aquí".
   Atentamente: el peso 147

Ganancias no ganancias 150
El miedo a sentirme ligera 152
¿Cuántos kilos más para alejarme? 153
No sé cuál es mi lugar 154
Si no te culpo a ti, ¿a quién? 155
El otro no me hace vivir,
    me lo recuerda (resentimiento) 157

Capítulo cinco. Ese extraño en el espejo 159
¡Déjame salir de aquí! 161
El miedo a ser vista 162
¿Qué grita mi cuerpo? 163
Hay vida después de los límites 165
La culpa y la vergüenza,
    grandes protagonistas de mi vida 165

Capítulo seis. De regreso a casa 167
¿Cómo empecé a buscar fuera de mí? 167
¿Cómo me habito? 170
No se puede habitar lo que ya está habitado 172
No sé cuidarme 173
Ordenando el clóset 174

Capítulo siete. El gran poder de la presencia 177
Comer con conciencia 177
Yo tengo el poder 180
Cuando cerrar los ojos significa comenzar a ver 181

Capítulo ocho. Mi niña tiene hambre 184
    El niño interior herido 184
    Los papeles que desempeñé
        para sobrevivir y ser amada 186
    ¿Qué edad tengo cuando quiero un litro de helado? 187
    ¡Me da miedo crecer! 188
    Los privilegios de ser adulto 189
    Reconciliación con mi niña herida 191
    ¡Hoy puedo jugar! 193

Capítulo nueve. Hacia una sana nutrición emocional 194
    Dando un nuevo sentido a nuestra vida 196

Capítulo diez. Honrando mi historia 197

    Testimonios 200

    Agradecimientos 205

    Bibliografía y fuentes diversas 206

    Lecturas sugeridas 207

Prólogo

Cuando comes, ¿qué comes? Pocas veces nos ponemos a pensar realmente qué estamos ingiriendo, a pesar de que comer es una actividad que realizamos varias veces al día todos los días del año.

Lo obvio ante esta pregunta es responder: como carne, pescado, ensalada, pastel, cacahuates, chocolates, zanahorias, pasta, etcétera. O carbohidratos, proteínas, verduras, granos... Pero comer no es solo eso. La comida también viene acompañada por ciertas emociones y ciertos sentimientos con los que aprendemos a asociarla desde pequeños: amor, convivencia, miedo, ansiedad, culpa...

No obstante, la verdad es que la comida en términos generales es deliciosa. Incluso hay ciertos sabores a los que es sencillo volverse "adicto" y a los que se nos hace fácil recurrir en determinados momentos; son sabores que nos pueden provocar un placer maravilloso o una culpa apabullante después de haberlos consumido.

Yo jamás he sido "obesa", pero sí "gordibuena"; ya sabes, cuando una está "pasadita" de peso, "pasadita" de buena, y se autoengaña sola poniéndose pantalones talla seis en los que lucimos como un tamal mal amarrado, pero nos resistimos a comprar una talla más grande porque entonces sí nos sentiríamos gordas. Y sentirse gordo en un mundo creado para los flacos es aterrador.

Mi madre y mi abuela sí fueron obesas. Mi abuela llegó a pesar ciento veinte kilos y mi madre, aunque en su juventud tuvo un cuerpo escultural y curveado, al desvanecerse su deseo de ser una mujer atractiva encontró en la comida y en el cigarro una salida a sus frustraciones. Así que para mí, desde pequeña, siempre hubo un miedo constante a tener las redondeces que poseían ellas.

Yo no quería ser gorda; no por mi salud, ni porque el corazón funciona mejor, ni porque deseara tener mayor movilidad, sino porque "aprendí" que ser gorda era poco atractivo, causa rechazo y disminuye la autoestima femenina. Por eso, al igual que la mayoría de las personas que sufren algún tipo de sobrepeso (que ante esta óptica es cualquier kilo de más), recurrí a cuanta dieta aparecía en mi camino, con lo que varias veces puse en riesgo mi salud, siempre fingiendo que no pasaba nada. La verdad tuve suerte, pues debido a que he sido una persona sana y que no incurre en los excesos, mi cuerpo aguantó la montaña rusa por la que lo aventuré durante años; porque una vez que llegaba a mi peso ideal y la báscula incluso me sonreía, al siguiente día empezaba a comer de nuevo hasta volver al mismo punto en que había comenzado, cuando al verme en el espejo profería toda clase de insultos hacia mi persona: qué asco, qué mal me veo, parezco una vaca...

Así, descubrí que en mi vida no elegí el alcohol, ni el cigarro, ni alguna droga autodestructiva que me sirviera de "escape", aunque en su lugar sí opté por la comida. Y entonces comencé a observarme, a darme cuenta de que cuando sentía ansiedad, miedo o tristeza era maravilloso sentarme a "tragar", sí, a tragar chocolates, galletas y pasteles. En un mismo día podía recorrer distintas tiendas para comprar estos productos, los preparaba frente a mí y los devoraba todos en una sola tarde.

La comida se volvió así mi refugio, mi consuelo, mi manera de sobrellevar los momentos difíciles, como había visto desde chica que se hacía en mi casa, hasta que un día volteé a mirarme en el espejo y no me gustó lo que vi en su superficie. Entonces me di cuenta de que lo que me disgustaba no eran los kilos de más que se acumulaban en mi cuerpo, sino el poco amor que le tenía a mi persona y que me provocaba una constante frustración.

De ese modo, decidí comenzar a quererme, a tratarme bien, a amarme. Entre otros cambios, comencé a tener la conciencia de que quería poseer un cuerpo con el que me sintiera bien, de que quería superar mi compulsión por la comida para disfrutar cada bocado que ingería. Y como dice el dicho, "uno atrae lo que trae": justo en ese momento conocí a Adriana Esteva. Al principio nos hicimos amigas sin saber qué tan importantes seríamos la una para la otra. Adriana vivía un proceso de separación y yo pasaba por un periodo de recuperación emocional. De esa manera comenzó un andar juntas, el compartir una búsqueda, un camino.

Así, nos hemos echado la mano una a la otra en este proceso, tomando conciencia de muchas cosas que construyen nuestra vida. Una de ellas, la comida y lo que significaba en nuestro mundo emocional.

Hoy las dos tenemos cuerpos con los que nos sentimos cómodas y ya dejamos de ver a la comida como una forma de escape, como un apapacho, como una manera de destrucción, como un estímulo breve.

Aprender a amarse como ser humano es entender que uno no vale más o menos porque se tienen unos kilos de más o menos, y que lo realmente importante es verse, aceptarse y amarse, para lo cual es vital amar nuestro cuerpo.

Y amar nuestro cuerpo implica alimentarlo con productos nutritivos y balanceados, pero también con emociones y pensamientos sustanciosos. Hay que dejar atrás las compulsiones, los "maltratos", los abusos que una misma se impone para dar paso, primero, al descubrimiento de nuestra relación con la comida, para después modificar nuestra conducta y lograr un cambio que enriquezca nuestro ser.

Yo misma, por medio de Adriana, he caído en la cuenta de cómo la comida se convirtió, durante muchos años, en un acto autodestructivo. Sin embargo, habiéndome dado cuenta de esto, hoy en día he aprendido a comer, sin poner en la comida la salida a mi ansiedad, mi miedo, mi angustia, mi inseguridad, mi falta de amor a través de los alimentos. Hoy solo como cuando tengo hambre, cuando deseo hacerlo. Y en esto hay una gran diferencia.

Por otro lado, soy testigo de la manera en que Adriana ha dejado atrás su miedo de ser "gorda" y hoy se asume como una mujer atractiva, sensual y espontánea. Ya no consume sus emociones, sino que ha aprendido a conducirlas, a habitarlas y a aceptarlas.

Y una cosa sí les digo: vale mucho la pena dejar de comerse los sentimientos que nos hacen daño y que proyectamos en la comida… Y de la mano de Adriana Esteva, un ser lleno de luz y de amor que te acompañará a lo largo de este libro, descubrirás que son posibles las transformaciones en ti, en tu cuerpo, pero sobre todo en tu alma y, en consecuencia, en toda tu vida.

En este libro, Adriana comienza describiendo un proceso con el que muchas mujeres nos sentimos identificadas y con gran habilidad nos lleva a tomar conciencia acerca de cómo generar un cambio, una transición que te conducirá a un estado de plenitud y aceptación.

Adriana tiene la habilidad de tocar fibras por medio de sus vivencias y sus conocimientos. Tu cambio está por comenzar… Acepta el reto…

Martha Carrillo
@marthacarrillo

❖ ❖ ❖

Introducción

Hablar de la relación con la comida es referirnos a nosotros mismos. Revisar este vínculo de amor-odio es analizar nuestras más profundas creencias, vivencias, recuerdos, miedos, fantasías y realidades, para descubrir lo que nos pasa frente a los alimentos y frente al peso. Son millones las personas que, a pesar de desear un cuerpo delgado y entender que para obtenerlo se deben cambiar hábitos y llevar una sana alimentación, siguen sin poder lograrlo. La obsesión por el peso es como estar en una cárcel porque el gran jurado de la perfecta delgadez ha decidido que no somos suficientemente buenos para cumplir nuestros sueños y alcanzar nuestra libertad. No es sencillo sobrevivir en este mundo donde la apariencia ha cobrado tal importancia que no poseer la "adecuada" imagen es tan grave que se nos castiga con la santa inquisición. No niego que nos enfrentamos a un verdadero gigante de mil cabezas, pero estoy convencida de que los grandes cambios comienzan con pequeños pasos. No podemos transformar la realidad que nos rodea, pero sí nuestra perspectiva y nuestra postura ante ella para recuperar el derecho legítimo a ser aceptados por quienes somos y no por nuestra complexión.

Esta aceptación no será posible si esperamos a que llegue desde afuera; comienza desde adentro, desde nosotros.

Introducirme en la relación con la comida me ha dejado ver una nueva faceta del fascinante comportamiento humano, de los mecanismos tan inesperados que ponemos en práctica para sobrevivir y de la sabiduría de esta increíble maquinaria llamada cuerpo. He podido conectarme con la Fuente Creadora como nunca lo había hecho, gracias a lo cual encontré un camino que busqué por muchos años por medio de varias prácticas espirituales, y que hoy curiosamente me doy cuenta de que ha estado frente a mí siempre: mi forma de comer, esa que fue tan observada, juzgada, criticada; esa que maldije tantas veces; esa que hoy honro profundamente porque me ha traído hasta aquí.

Cada amanecer, al abrir los ojos, me permite estar en plena conciencia, y en vez de que mi primer pensamiento sea: "¿Qué comí ayer?", como lo fue durante muchísimos años, las preguntas ahora son: "¿Qué maravillosas experiencias, aprendizajes y aventuras me tiene deparado este día?", "¿A qué me sabrá hoy el mundo?". Hoy la báscula ya no marca el rumbo de mi existencia.

Después de tantos años de restricción, no solo con la comida sino también con mis sueños, mis alcances, mis capacidades, mis relaciones y mis necesidades, hoy paso a paso he aprendido a vivir desde la libertad, la confianza, la paz y la conexión.

Hoy he comenzado a abrir las alas, esas que por mucho tiempo permanecieron plegadas a mi cuerpo bajo la instrucción de "tú no puedes". Cada gramo de peso acumulado me alejaba de mis sueños, me mantenía densa, anclada al piso, distanciada por completo de mi capacidad de crear y de buscar nuevas historias contadas en diversos paisajes. Hoy sé, hoy siento y descubro que la vida es para vivirse y no para sufrirse.

Con este libro pretendo alzar la voz para decir que es posible liberarse de la obsesión de la comida y el peso, que hay otra forma mucho más amorosa de vernos, y no desde el castigo, la restricción y el sufrimiento. Hoy, desde mi propia historia, aderezada por la experiencia de cuatro años impartiendo talleres y conferencias, de pláticas entrañables con muchas personas, de lecturas, cursos, vivencias, caídas y levantadas, deseo de todo corazón que tú, que al igual que yo y que muchísimas personas hemos hecho una pausa en la vida para darle entrada a historias llenas de dolor, de vacío, de frustración y de desesperanza, encuentres respuestas que ayuden a liberarte.

Me asusta, pero sobre todo me enoja muchísimo darme cuenta –al escuchar una conversación en un café, al conocer los casos de quienes asisten a los talleres y las conferencias, cuando veo la televisión o leo a quienes me escriben– de que estamos dejando de percibir todo lo que poseemos, lo que sí es importante (nuestras riquezas, nuestros dones, nuestros deseos más íntimos), por estar noventa por ciento de nuestro tiempo pensando en bajar de peso, en qué comer y qué no, en cómo vernos mejor con tal o cual tratamiento, etcétera. Me aterra oír a las amigas de mis hijas, de apenas diez años, expresar que deben adelgazar y para lograrlo prescinden de su *lunch* y se matan de hambre. Es muy triste ver a niñas –como la que yo fui– preocupándose por lucir de cierto modo para gustarles más a sus padres, en lugar de dedicarse a simplemente SER.

Hoy abro mi historia, mi corazón y mis vivencias porque quiero compartir contigo la manera en que se ha transformado mi vida desde que modifiqué mi relación con la comida. Sanar este vínculo implica cerrar heridas muy profundas, tan hondas como la relación con mamá, nuestra principal fuente de nutrición.

No voy a hablarte de dietas ni de aspectos nutricionales, sino de la dulzura y el apapacho que puede significar un panqué de chocolate, del frenesí con el que deseamos unas papas con limón y chile, del consuelo que hallamos con un bote de helado escondido bajo las cobijas, de la sensación de compañía y complicidad que aparece cada vez que metemos la mano en la bolsa y encontramos una barra de chocolate. También te voy a hablar de la violencia con la que nos hemos tratado cuando rompemos la dieta, del dramático adiós que damos cada domingo a los molletes que el lunes ya no podremos comer, de la frustración que causa ver comer a otros mientras nosotros debemos aguantar el hambre, de los espantosos castigos que nos imponemos cuando no cumplimos, de las promesas acompañadas de dolor que nos hacemos cada lunes.

Cuando llevamos mucho tiempo sintiéndonos incómodos, estar cómodos puede incomodar; por eso quiero invitarte a que reconozcas lo que sucede en ti mientras lees mi libro, que identifiques tus resistencias, tus miedos, tu liberación… Confía en que si estás ahora leyendo es porque te encuentras preparada para conocer la información contenida. Abre tu corazón, bríndate la experiencia de no dar por hecho nada.

Este libro puede aclararte mucho el panorama; sin embargo, es importante que si en realidad quieres iniciar una sanación duradera, busques una terapia para trabajar en las verdaderas causas que te han llevado a entablar una mala relación con la comida y el peso. Mi propósito no es proporcionar técnicas para adelgazar; el objetivo es compartir contigo mis experiencias en torno al tema en cuestión y lo que me ha mostrado acerca de quién soy. Cada día trabajo para que el peso ya no sea el protagonista de mi vida, porque ese privilegio me toca a mí.

Llevo ya más de cuatro años viviendo día a día el proceso de sanar mis emociones, mi relación con la comida, con mis padres, con mis ideas y creencias, y el resultado ha sido maravilloso. No ha resultado fácil ni mucho menos de un día para otro; los cambios son cada vez más palpables en mi aspecto, mi actitud, mis alcances, mi vida, mi trabajo, mis relaciones y, en general, en mi "vibra". No obstante, debo mencionar que, ya habiendo entregado esta obra a mi hermosa editora, ocurrió algo que me hizo dar un salto enorme en mi proceso, y deseo compartirlo contigo: un día, en la soledad de los últimos días de diciembre, mis hijas estaban con su papá, y mi automóvil en el taller; mis amigas, de viaje; yo, sin dinero; mi bocina para escuchar música, descompuesta; mi árbol de Navidad, sin luces porque mi gato las averió; mi perro, de vago con mis hijas... y yo, entrando en una ansiedad espantosa. Me enojé y me frustré mucho por no haber obtenido los resultados que deseaba; miré al cielo para expresarle a Dios mi enfado. ¿Sabes cuál fue su respuesta? "No me has pedido ayuda." Desde que solicité su divina intervención –y esta acción la hice parte de mi proceso, de mi vida e, incluso, de mis talleres (le pedí que fuera mi socio)–, los cambios resultaron enormes, los vehículos y las herramientas comenzaron a "aparecer", los milagros, a ocurrir; pero lo más importante es que todo empezó a cobrar sentido...

Te invito a que leas este libro con el alma abierta a sentir. Sentir qué ocurre contigo mientras recorres sus páginas. Atrévete a encontrar qué te hace resonancia, a dudar, a cuestionar. Haz pausas cuando experimentes alguna emoción o sensación y déjalas fluir.

Además de contarte mis propias historias, para enriquecer más lo que aquí narro, me permito compartir vivencias, reflexiones y experiencias de personas, en su mayoría mujeres, que han asistido al Taller "Comiéndome mis Emociones" que imparto. Aun cuando cada una de ellas aceptó compartir parte de su vida, en su mayoría sus nombres han sido cambiados.

❖ ❖ ❖

La mesa puesta

Por muchos años pensé que era ciudadana de segunda; estaba deprimida, me sentía sola, desvalorada, abusada, ignorada y llena de miedos por estar gorda... Hoy puedo ver que era al revés, que por sentirme sola, no valorada, ignorada y llena de miedo, comencé a engordar. Ahora sé que la respuesta está en mis emociones, no en la comida.

"Si no adelgazas vas a sufrir como yo"

Desde pequeña, al igual que muchas niñas, soñaba con aparecer en televisión, ser famosa y decirle a la gente todo lo que pensaba. En ese tiempo no tenía idea de que cuando se anhela algo con muchas ganas, se cumple. Y un buen día entré a trabajar en una gran televisora, a mantener contacto con importantes personas del medio. Estando ahí me desilusioné, creo que le cargué tanta magia a mi sueño que no me permití disfrutarlo. Comprendí que lo que impedía desarrollarme y hacer lo que me gustaba era la ausencia de pasión, no tener algo que decir. Trabajé por muchos años en el área de espectáculos, justo lo que anhelé, pero sentarme frente a las cámaras a hablar de alguien más no era lo mío y, por si fuera poco, estaba gorda; por lo menos para permanecer a cuadro en la llamada pantalla chica. Siempre me sentí inferior, no merecedora de estar ahí, todo lo sentía "prestado": el puesto, salir en la tele, incluso mi cuerpo cuando estaba delgado. Esa era una sensación muy común en mí.

Mis papás se divorciaron cuando era muy pequeña, en una época que no es como ahora, que es el pan nuestro de cada día. ¡Noooooo! En ese tiempo dicha situación influía más, porque en la escuela a la que asistía –de monjas y muy tradicional– me veían como "bicho raro", o por lo menos así lo percibía. Y como yo no era "normal" como las demás, pues sentía que no merecía los privilegios de la "gente normal", como decir lo que pensaba, disfrutar las cosas lindas, verme bien, pedir lo que necesitaba, ser yo misma…

Para agregarle sazón a mi ya de por sí complicada existencia infantil, mi mamá me dijo un día: "Mijita, ponte a dieta porque si no, vas a sufrir como yo". ¡Wow! ¿Sufrir como ella? Eso ya era demasiado. ¿Qué no se daba cuenta de que ya sufría incluso más que ella? Aunque, por otro lado, esa declaración me daba "permiso de ser miserable", y como encontré en el sufrimiento una razón de ser y una identidad, resultaba impensable que algún día esto dejara de ocurrir; es decir, era imposible para mí dejar a ese aliado que era el peso porque tenerlo era igual a sufrir, según lo expresado por mi madre.

A mi larga lista de "Cosas que Adriana no merece" se agregaron las cosas ricas de comer. Creo que inicié mi primera dieta a los nueve años. Ya saben, de esas de "puedes comer de tooooooodo… menos pan, galletas, mermelada, queso manchego, leche, embutidos, azúcar, tortillas, crema, mantequilla, helados, papas, mayonesa, aceite, chocolate, milanesas, huevo estrellado, botana, crema de verduras, pasta, postres, taquitos, salchichas, jugo, arroz, agua de sabor, refrescos (en ese tiempo no había versión *light* ni *zero*, ni sustituto de azúcar que no supiera a rayos)…", en fin, todo lo que me gustaba y le daba sabor a mi vida.

Como pensaba que solo a mí me pasaban esas cosas raras de no saber ni para dónde ir, y me sentía tan diferente de mis amigas que –creía– tenían la vida resuelta porque sus padres estaban casados, eran responsables; poseían casas hermosas, moños en la cabeza, muy grandes y planchados, comencé entonces a "esconderme", a ocultar mi cuerpo, mis imperfecciones, mi hogar, mis tristezas, mis necesidades, mi hambre; lo que comía, lo que pensaba.

Con todo y las intenciones de esconderme, mi forma de comer me "delataba" y se volvió el foco de atención de quienes me rodeaban, aunque, pensándolo bien, prefería que se fijaran en eso y no en lo que yo suponía que estaba tan mal en mí.

Mi mamá vigilaba cada alimento que yo ingería, mi abuela se la pasaba dándome chocolates y dulces, pero cuando se reunía toda la familia, señalaba: "Ay, mijita, ya no comas tanto"; mis tíos gozaban diciéndome: "¿No que estabas a dieta?".

Un día, mi padre me dijo: "Te voy a llevar con el doctor que me ayudó a dejar de fumar, también cura la OBESIDAD". ¡Yo me quería morir! ¡Mi papá se había dado cuenta de que no era perfecta! Él, que era mi ídolo, mi refugio, también consideraba que había algo malo en mí, y yo sentía una vez más que por eso me abandonaban. Cada vez que estábamos en una reunión, mi mamá volteaba a verme con ojos de pistola y con la boca chueca decía: "Ya deja de comer" o "Tú no puedes comer postre". ¿Y adivinen qué hacía yo? ¡Claro! ¡Me escondía para devorar! Y me atragantaba de toooooooodo eso (y más) que no había podido disfrutar normalmente frente a los demás.

Pasé por todo tipo dietas, pastillas, inyecciones, masajes, menjurjes, hechizos y cuanto remedio me decían que probara para quitarme de encima la maldición de estar gorda. ¿Y cómo no iba a querer quitármela si no me dejaba mover? Hoy sé y me doy cuenta de que esos kilos me sirvieron mucho para protegerme, para no volar, para darle validez a mi gran sufrimiento. Porque sí, esa angustia era mi forma de expresarles a mis padres, con todo mi cuerpo y mis actitudes, que me habían hecho mucho daño.

La gordura o el sobrepeso, para quienes los hemos padecido, son percibidos como algo fuera de nosotros que interfiere en nuestras vidas. Yo lo veía como algo con lo que debía cargar, pero que a la vez odiaba; de hecho, me encantó escuchar hablar por primera vez de la reencarnación y de otras vidas, porque me proporcionaba la ilusión de tener un cuerpo nuevo en mi siguiente existencia. A ese organismo nuevo sí lo cuidaría, me encargaría de tornarlo perfecto, porque de verdad sentía que el que actualmente habitaba en esta vida nomás ya no servía. Esa idea de sentirme "imperfecta y echada a perder" me acompañó por muchos años. Parecía que nada de lo que hiciera resultaría bien.

El peso que cargamos de más no es externo, alejado de nuestra vida; mientras está ahí forma parte de nosotros, de nuestra historia, de nuestros lentos movimientos, de nuestra vida. Tiene una razón de ser, pero es más fácil verlo como una figura extraña y ajena a la que podemos echarle la culpa de todo lo que nos sucede. Cada vez que alguien me reclamaba por ser enojona, amargada, descuidada o antipática, contestaba: "Es por culpa de mis papás; si no se hubieran divorciado, yo sería feliz, arreglada, sonriente, amena, amable y auténtica". Ese sentimiento de percibirme como víctima, que me daba un toque dramático o telenovelesco, lo mantuve por mucho tiempo en complicidad con mi gordura. Ahora poseía una forma real, visible y palpable de que la pasaba muy mal; estaba convencida de que mi obesidad era culpa de mis papás y ahora por culpa de la gordura no podía lograr lo que me proponía.

Yo, la gorda

Vivirme como gorda ha sido de las cosas más lastimosas de mi vida. Alguna vez una terapeuta me dijo: "La gordura es una venda que se vuelve herida". Y en mí esa herida fue muy fuerte, fui sumamente juzgada en mi familia por eso. Ser gorda obligaba estrictamente a una solución que para todos era obvia: ponerme a dieta. Hoy veo fotos de mis ocho o nueve años, que es cuando mi madre comenzó a ponerme a dieta, y veo a una niña normal, a lo mejor panzoncita, grande, porque así es mi constitución, pero ¿gorda? Pues para ella sí lo era y para su familia también, así que ahí empezó la historia de las dietas. Cada una de ellas me hacía sentir más incurable, porque por más buena que fuera yo no podía seguirla más de tres días. Era espantoso ver cómo los domingos llegaban invitados a la casa de mi papá con sendos postres y todos volteaban y me decían: "Tú de seguro estás a dieta, ¿verdad?". Yo creo que lo decían sin el afán de herir, pero no se imaginaban el dolor y la vergüenza que causaban con sus comentarios, al grado de que comencé a excluirme de la convivencia; me escondía en algún rincón del jardín o me retiraba a ver la tele. Recuerdo que en esa época me sentía tan triste, tan desesperada, que no tenía ganas de nada, solo de dormir. Cuando todos se iban, bajaba frenética por lo que sobraba, lo que me prohibían, todo lo que yo no podía comer frente a los demás. Durante casi treinta años de mi vida jamás ingerí alimento alguno delante de otras personas, salvo que fuera parte de la dieta. Ante todos era la pobrecita que tomaba alimento especial, la que siempre estaba aparte, la que no convivía, la chocante, la amargada.

Hoy pienso que no me volví bulímica porque no sabía que eso existía, aun cuando recuerdo a mi mamá vomitar siempre después de comer. No tenía idea de que esa situación tenía que ver con su necesidad de adelgazar. Poco a poco aprendí que ser gorda me mantenía un paso atrás de los demás; no podía usar bikini sin estar literalmente escondida en una playerota; no jugaba con todos porque la ropa generalmente me apretaba y no me dejaba mover. Además, como de verdad me consideraba el ser más enorme del planeta, estaba segura de que nadie podría cargarme jamás, o que si empujaba a alguien lo podía deshacer, así es que mejor me quedaba quietecita. Amaba las épocas de frío en que me podía tapar, porque cuando hacía calor se tornaba un suplicio, pues nunca me quitaba el suéter así estuviéramos a cuarenta grados.

Ser gorda para mí significaba soñar con ser normal, simplemente normal; me asustaba la idea de no pasar desapercibida, quería perderme en una monótona existencia. Mi yo gorda era constantemente una bomba a punto de estallar, cargada de rabia, impotencia, hambre, frustración, envidia, reclamos e inconformidad. Me acuerdo de cuando compraba un litro de helado de *choco-chips* y me estacionaba a unas cuadras de mi casa para comerlo asustada, sudando, con taquicardia, como si estuviera cometiendo el peor de los pecados. Llegaba a mi hogar y no tenía ojos para ver a mi mamá, porque otra vez le había fallado; ella parecía notarlo, ya que su mirada señalaba: "Sé que algo hiciste". Recuerdo esos momentos como si estuviera viviendo en un mundo paralelo, ajeno a todo lo que transcurría. Hoy evoco esa época de mi vida que aún duele; me lastima rememorar tanto dolor, tanta confusión y, sobre todo, tanto maltrato, no tanto por parte de los demás, sino al que yo misma me sometía.

Ser gorda me daba identidad, significaba sentir que era parte de mi mamá, de su sistema. No recuerdo un solo día que no estuviera cargado de promesas o reclamos generados por el sobrepeso. Una de las cosas más aterradoras que podía sucederme era ir a la playa, a una alberca, o a realizar cualquier actividad que requiriera usar traje de baño. Yo hubiera vivido feliz en el Polo Norte, metida bajo kilos de ropa. Meterme a la alberca incluía malabares dignos de circo: quitarme la playera y correr hacia el agua; sobra decir que permanecía en la piscina hasta hacerme pasita, y luego salía de ella con un ritual similar al de despojarme de la toalla y de lo que me cubría al principio. Ahora que lo traigo a cuento, esa situación me provocaba una vergüenza espantosa, mezclada con un pavor a ser "descubierta", porque creía manejar perfectamente hasta dónde los demás podían verme, me consideraba capaz de esconderme o esconder mi gordura cuando yo quisiera; entonces, estar en traje de baño siempre solía complicarme el asunto.

Pasar el fin de semana o unas vacaciones fuera de la ciudad implicaba experimentar días antes una enorme angustia, discutiendo con mis demonios si iría compulsiva o restrictiva. Si decidía soltarme el pelo e ir compulsiva, comenzaba la "tragadera" desde que me subía al coche, llegaba al lugar esperando con ansiedad la botana, de ahí ligarme a la comida, el postre, las galletitas, la cena, la botana, el desayuno... y así los tres días. Nadie cree que podía subir tres kilos en un fin de semana. Siempre tenía que llevarme unos *pants* o un pijama para regresarme porque la ropa que portaba el viernes no me quedaba el lunes. Si iba restrictiva, la pasaba pésimo porque perdía chiste el viaje, yo no pensaba en otra cosa más que en comer, y normalmente después de un día "bien portada", reventaba peor e iniciaba el ataque feroz.

Así como se trastornaba mi manera de comer, se enloquecía mi mente, mi paz, mis emociones y mi vida entera; no podía prestar atención a lo que me decían, veía a alguien a los ojos mientras lo único que podía pensar era cuántas papas había comido y qué habría de postre. Los remordimientos me mataban.

Mi yo gorda adolescente fue la que más sufrió. No sabía ni para dónde voltear, estaba sumamente insegura y eso complicó muchísimo las cosas cuando mis amigas comenzaron a tener novio, porque de entrada yo desconocía cómo eran esos seres tan raros llamados hombres, especie totalmente ajena para mí, y me daban pavor. Me sentía tan diferente de las demás que estaba convencida de que no merecía gustarle a nadie y lo confirmaba constantemente. Por inseguridad y miedo a acercarme o que se me acercaran, comía mucho; eso propiciaba más gordura, y estar gorda me hacía todavía más insegura.

El sentimiento de no pertenecer

El sentimiento que más se hacía presente en mí y que me persiguió hasta hace poco –de hecho, aún se asoma de vez en cuando– es no pertenecer; esa sensación de que, hiciera lo que hiciera, no lograría encajar con los demás. No pertenecer tiene que ver con la falta de identidad, de referencia, pero, sobre todo, con la lastimosa sensación de que nuestra presencia en el mundo no es suficiente ni justificada, así es que sentimos que debemos hacer esfuerzos extraordinarios para ganarnos el "privilegio" de existir.

Cuando mis papás se divorciaron, literalmente eran unos chamacos, dos adolescentes que a duras penas se podían hacer cargo de sí mismos; por lo tanto, a mi hermana y a mí nos dejaban mucho tiempo encargadas con mis abuelos, algunas veces los paternos y muchísimas con los maternos, cuya casa era grande, "presentable", y con una estructura que me encantaba: siempre llena de gente, ya que vivían ahí todavía muchos de mis tíos; una mesa muy bien puesta, olores deliciosos y unos abuelos muy presentes. De hecho, yo los llamaba Mami y Papi. En mi vida jugaron un papel muy importante de contención y apoyo; sobre todo, me permitían mantener la ilusión de que las cosas podían ir bien y que era una "hija de familia". Mi abuela me llevaba a la papelería, a casa de mis amigas, me peinaba y me enseñaba a cocinar. Sin embargo, yo sentía una vez más que tampoco pertenecía por completo a esa historia. La realidad es que me hacía unas bolas terribles porque no contaba con referencias claras de hacia dónde voltear.

Hoy, a mis cuarenta y dos años de edad, he seguido buscando la aprobación de los demás porque una parte mía ha estado muy desatendida, porque cuando necesité que alguien me dijera "Vente por aquí, yo te guío", todos estaban ocupados, así es que aprendí a dar pasos sola, pero siempre con la angustia de equivocarme.

La aprobación es algo que la mayoría buscamos porque una parte de nosotros cree que si no nos aprueban nos pueden dejar, y para muchos el abandono es casi igual a morir. Es curioso todo lo que hacemos por pertenecer; de hecho, hay quienes comienzan algún vicio solo por ser aceptados en cierto grupo de amigos, o que compran, usan o comen algo en particular solo porque quienes los rodean o quienes quisieran que los rodearan lo hacen.

La aceptación de los demás toma un papel importante cuando dejamos de aprobarnos, cuando afuera buscamos de manera constante el sentido y la validación. Para recuperar la autoestima es indispensable recobrar nuestra capacidad de aceptar lo que somos, pero también de reconocer las grandezas y cualidades que poseemos.

En un proceso de sanación real es vital comenzar por darnos pertenencia a nosotros mismos, y esto incluye reconciliarnos con nuestro cuerpo, nuestros pensamientos, nuestras sensaciones, ideas, fortalezas y debilidades. Cuando logramos "pertenecer" a nosotros mismos, cada vez es más sencillo ser parte del mundo que nos rodea, de una manera auténtica, solidaria; perteneciendo en el sentido de que somos parte de todo por orden divino, porque así es, no porque debamos hacerlo.

Reconciliarme con mi lado divino, conectar mis pies con la tierra y mi coronilla con el cielo, me hace sentir que no estoy sola y que formo parte de este planeta; hoy comienzo a sentir que pertenezco.

Mi forma de comer como vehículo de crecimiento

Intenté cualquier cosa por bajar de peso. Recuerdo a un doctor chino que me ponía balines en las orejas; claro, acompañados de dos bolsas de pastillas de colores "para reforzar". A los dos meses yo era una escultura hecha a mano, pero que daba tres pasos y perdía el equilibrio. Un día llegué al consultorio y me desmayé; el médico, alarmado, me levantó, me tomó la presión, que por su cara supe que la traía por los suelos, pero después del susto me cambió los balines (que servían para nada y para lo mismo) y me surtió mi bolsita de "refuerzo". Salí como si nada y a media cuadra me paré en seco y dije: "¿Estás estúpida o qué?". Y gracias a Dios tiré las pastillitas a la basura, aunque confieso que en la noche quería regresar a buscarlas…

De estas historias tengo mil, como cuando un acupunturista, que me llenaba de agujas para adelgazar, se me abalanzó tratando de besarme y convencerme de que yo era muy atractiva, o cuando por recomendación de una actriz fui a una casa espantosa donde dos hermanas me inyectaban quién sabe qué tanta cosa y me introducían a un sauna hechizo al que se le salía el gas; yo casi moría... Pero eso sí: ¡flaca!

> Innumerables estudios demuestran que de cada cien personas que pierden peso con cualquier tipo de dieta, más de noventa y seis lo recuperan (e incluso lo incrementan) dentro de los doce meses siguientes. Esta cifra solamente ratifica que ponerse a dieta NO ES LA SOLUCIÓN.
>
> Doctor Alfredo Zúñiga
Director médico de Eating Disorders México

Un buen día –justo después de un ataque de pánico en el que le sugerí a mi entonces esposo que me internara en un hospital psiquiátrico para que me pusieran una blusita de esas de mangas largas, largas, que se amarran por atrás–, sentí que tocaba fondo y me dediqué a investigar por primera vez qué podría haber detrás del sobrepeso. Pasé noches y madrugadas buscando la relación entre las emociones y la comida, y no encontré nada, pero sí decidí que solo me faltaba llevar a cabo algo que nunca había intentado: ¡dejar de hacer dietas! Claro que la decisión me aterró, pensaba que ahora sí estaba enloqueciendo de verdad. Han transcurrido los días y en mi libretita que documenta aquella experiencia aún leo frases como: "¡Tengo miedo!", "¡No sé qué hacer con esto!", "¡Me voy a volver loca!"...

¡Imagínate! Estaba desafiando toda una historia, traicionando la forma de vida a la que me hallaba acostumbrada; estaba soltando la tablita que me sostenía, esa maravillosa forma de ser que me permitía concebir historias, ilusiones, comprobar mis derrotas, mantenerme como víctima. Adelgazar constituía la reproducción perfecta de mi historia, de cómo aprendí a amar: deseando algo que en el fondo creía que no merecía, cayendo, levantándome, provocando lástima en quienes me rodeaban.

Gran parte de mi vida mantuve la ilusión de que cuando por fin fuera delgada sería feliz. Logré bajar de peso muchas veces, ya fuera con dietas que me mataban de hambre o pastillitas de mil colores, pero el miedo a engordar de nueva cuenta persistía en mi mente y gastaba más energía en esa idea que en disfrutar mi súper cuerpo logrado.

Me reinventé muchas veces, sobre todo cuando trabajaba en televisión. Pensaba que mis años de gordura y privación habían terminado, pero con cualquier detalle irrumpían implacables: si me ofrecían una nueva oportunidad de conducir un programa, por ejemplo, sentía lo mismo que cuando lograba adelgazar: que era momentáneo, que no lo merecía y que era prestado. Y como el universo escucha claramente lo que pensamos, rápidamente me expresaba: "¡Concedido!". Y todo desaparecía.

Cuando después de diez años dejé la televisión para hacerme cargo de mis hijas y enfrentarme a la vida "común y corriente", los "fantasmas" del pasado retornaron y en ese momento recaí peor que nunca. Intenté adelgazar de manera frenética a costa de mi propia salud y de arriesgar el tiempo con mis pequeñas, a quienes dejé de darles pecho por tomar pastillas para perder peso; eso al día de hoy no saben cómo me duele.

La desesperación me incitaba a lastimarme físicamente y a sentir que enloquecía, pero es también en ese momento de oscuridad cuando decidí tomar una de las decisiones más importantes de mi vida: transformar mi forma de comer en un vehículo de crecimiento. Estoy convencida de que al dar el paso Dios pone el camino, y así fue como conocí a Marisol Santillán, una amiga que luego se convertiría en mi socia por un tiempo dando talleres; ella, quien también había sufrido el asunto del sobrepeso, me regaló el libro *Cuando la comida sustituye al amor*, de Geneen Roth, cuya lectura resultó todo un viaje. Cada página revivía en mí toda mi historia, mis vivencias más escondidas, pero al mismo tiempo me dio la pauta para seguir adelante en esta aventura de explorar mi relación con la comida.

Mi situación económica no era buena porque había decidido dejar de trabajar en televisión para dedicarme a cuidar a mis hijas (para que no sufrieran el abandono que yo padecí porque mi madre, recién divorciada, se vio obligada a laborar tiempo completo). Sin embargo, cuando me enteré de un taller que Geneen Roth realizaba en San Francisco, llamado "Food is Food, Love is Love" (Comida es comida, amor es amor), nada me detuvo y me dispuse a presenciarlo. Sin pensarlo, ya estaba sentada en el salón de un hotel en aquella ciudad, rodeada de cientos de personas de todos colores y nacionalidades cuyas historias expuestas en el lugar –la mayoría, muy parecidas a la mía– nos convertían en hermanos de sangre. La sensación de por fin empezar a encontrar respuestas es indescriptible. Sentí que había llegado a una cita programada mucho tiempo atrás y que esperé por muchos años. Recuerdo que en ese momento quería hablarle por teléfono a mi mamá y decirle: "Ya ves, mamá, NO SOLO SE TRATABA DE CERRAR LA BOCA".

A partir de ese taller, decidí iniciar una nueva historia y puse en práctica el programa de Geneen, aunado a un gran trabajo de desarrollo personal que previamente realicé a través de diferentes enseñanzas y disciplinas.

Descubrí que muchas personas apoyaban esta nueva filosofía y decidí compartir dicha información con mucha gente más; así surgió la idea de impartir talleres y conferencias. Al principio acompañada por Marisol y hoy ya por mi cuenta, hemos ayudado a muchas personas; poder hacerlo desde el amor y desde mi propia sanación se convirtió en una de las pasiones más grandes de mi vida. Hoy he podido reescribir mi historia de una manera consciente, responsable, pero, sobre todo, amorosa. Entiendo que la compulsión nace del temor y la sanación se da desde el amor. Es increíble cómo todo lo que me condujo a volcarme en la comida hoy lo he podido comenzar a sanar al mejorar precisamente mi relación con la comida. Ha sido este vínculo –que por muchos años resultó tan doloroso, descontrolado, tormentoso y lleno de vergüenza– el que hoy me ha permitido tomar una vez más los hilos de mi existencia y darle un nuevo y maravilloso sentido. ¿Cómo ha sido esto posible? Observando qué pasa conmigo mientras como. ¿Qué sentimientos me provoca comer? ¿Qué recuerdos? ¿Qué actitudes? ¿Hacia dónde me conduce? "Rastreando" las respuestas a estas preguntas he podido encontrar miedos, costumbres, lealtades, creencias y muchas de las situaciones que me llevaron por más de treinta años a vivir castigada, maltratada, asustada y marcada por mi relación con la comida y con mi peso, pero que en realidad escondían muchas otras realidades que nada tenían que ver con eso.

La relación con la comida

Nosotros nos definimos a partir de las relaciones que tenemos: con los demás, con el medio ambiente, con nuestro pasado, con lo que nos ocurre y, por supuesto, con nosotros mismos. La relación con la comida no es diferente. La manera en que comemos nos habla mucho de cómo vivimos, de cuáles son nuestras creencias más profundas y de cómo reaccionamos.

Por mucho tiempo creí y viví considerando que algo estaba muy mal conmigo, que no podía controlar mi manera de comer y que la comida era un enemigo que me acechaba y amenazaba.

Tras iniciar el camino hacia el descubrimiento interno y reencontrarme a través de mi manera de comer, supe que ni yo estaba echada a perder ni que la comida era una maldición. Pude comprender que lo que debía revisar era mi relación con ella, y que ese vínculo, como cualquier otro, podía cambiar. Me relacioné con la comida desde una necesidad que nada tenía que ver con su función real: "nutrir" al cuerpo y darle el combustible indispensable para realizar sus procesos. Yo la convertí en mi compañía, mi apapacho, mi fuente de placer, de castigo, de culpa, de amor, de dulzura, de protección, de complicidad.

Sanar la relación con los alimentos nos permite colocarlos donde corresponde. Entendí que no se trata de ellos en sí, sino de lo que me hacen sentir. Por mucho tiempo la comida era tan aterradora y placentera a la vez que me perdía en ella, pero no era lo ingerido, sino el sentido que le daba. Para mí, saborear chocolates era pecado; para mi papá siempre ha sido un placer y no le causa ni medio gramo de culpa, ni medio gramo de grasa. Ir a su casa es como visitar Chocolandia, tiene chocolates en cada rincón; ama compartirlos y disfrutarlos. Por mucho tiempo me perdí los momentos de comer chocolates con él, mejor los devoraba a escondidas. Una vez nos fuimos de viaje juntos y yo estaba muy delgada por las pastillas que para tal efecto usaba a puños, pero aquella vez consideré no ingerirlas por temor a desmayarme y fastidiar el paseo, porque cuando las tomaba sentía que el corazón se me salía y se me nublaba la vista; el caso es que decidí de manera prudente dejarlas en México. Mi pensamiento durante todo el trayecto fue: "No vayas a engordar, Adriana". Y recuerdo que le comenté a mi papá: "Te voy a seguir el paso en la comida, ¿eh? De seguro tú regresas más flaco y yo más gorda". Y sí, efectivamente, comimos lo mismo, de hecho yo una cantidad mucho menor, y él bajó y yo subí. Obviamente, mi padre no pensaba todo el día en que iba a engordar, ni sufría un rebote por la dieta y las pastillas, ni pensaba en cada bocado que daba como si estuviera cometiendo un asesinato. ¿Ves cómo no tenía nada que ver el tipo de comida, sino las ideas que navegaban por mi cabeza?

La calidad de los alimentos que comemos tiene mucho que ver con los pensamientos que tenemos acerca de ellos, pero sobre todo acerca de nosotros mismos. Si una persona piensa que no es merecedora de bienestar, elegirá alimentos que se lo confirmen, es decir, estarán en su lista de favoritos aquellos que le hagan sentir culpabilidad, pesantez, incomodidad; si existen dentro de ti pensamientos o creencias acerca de que ser delgado es peligroso porque la situación que viviste así te lo hizo creer, entonces buscarás alimentos que te engorden. Si piensas que mereces ser castigado constantemente, buscarás alimentos que catalogues como "pecadores". Si crees que hay algo malo dentro de ti, no es de extrañar que quieras acabar con eso y comas alimentos que consideres "destructivos o dañinos".

¿Cómo es que iniciamos esta mala relación con la comida? Hay varios factores que a continuación mencionaré; sin embargo, quiero comentar que cada persona que tiene una mala relación con la comida la ha vivido de manera diferente. Es por eso que pretender que todos quepamos en la misma historia es prácticamente imposible. Conocer algunos de estos factores puede darnos luz acerca de qué es lo que nos ha traído a vivir hoy así.

Quiero también mencionar que dicha relación comenzó a gestarse desde etapas muy tempranas de la vida y de manera totalmente inconsciente, aunque hay casos en los que factores más claros y específicos pudieron haber disparado ciertos botones a diferentes edades, incluso en la adultez. Traer estos factores ahora a la conciencia es la manera de poder trabajar con ellos desde la capacidad que hoy, como personas maduras, poseemos para enfrentarlos con nuevas herramientas y nuevas perspectivas.

¿Qué significa para mí tener una buena relación con la comida? Comer únicamente cuando tenemos hambre física y dejar de hacerlo cuando estamos físicamente satisfechos. No voy a hablar aquí de factores biológicos, químicos, médicos o genéticos, ya que, por un lado, no me considero capacitada para hacerlo; y por otra parte, mi deseo es compartir lo que he experimentado, lo que me ha proporcionado sentido, lo que he aprendido en mi experiencia impartiendo talleres y, por supuesto, lo que me ha ayudado a sanar.

¿Qué nos ha llevado a tener una mala relación con la comida?

Llenar vacíos: Cuando nuestras necesidades básicas de amor, compañía, consuelo, dulzura, comprensión, apapacho, complicidad, ternura, etcétera, no fueron cubiertas de manera satisfactoria, ya sea realmente o porque así lo percibimos, comenzamos a buscar cómo compensarlas. Entonces, inconscientemente recurrimos a la comida para cubrir ese hueco, ese vacío que se ha generado dentro de nosotros. Por ejemplo, si no somos capaces de sentir satisfacción en nuestras relaciones, en las actividades que realizamos; si no nos damos permiso de experimentar sensaciones placenteras como divertirnos, reír, besar, o tener un pasatiempo que nos llene; o si eventual o constantemente nos sentimos solos, la única alternativa para "olvidar" esa soledad es consolarnos con una buena rebanada de pastel, aunque paradójicamente, cuando comemos así, por lo general lo hacemos sin compañía y entonces acabamos confirmando eso que nos duele tanto: ¡que hay un gran vacío en nuestra vida! Relacionamos comida con "consuelo". Así sucede con Marissa, una mujer de 46 años, quien durante uno de los talleres que imparto comentaba con cierta vergüenza que cada vez que se siente "enferma" se receta una buena cantidad de galletas y panqués. Esa es su forma de "apapacharse".

Escapar: Cuando no tenemos un manejo adecuado de nuestras emociones, ya sea porque no aprendimos cómo, porque cuando lo hicimos nos dolió, porque se burlaron de nosotros por hacerlo o no era bien visto por nuestra familia, etcétera, aprendimos a "escapar" de eso que sentimos. Por ejemplo, cada vez que le decía a mi mamá que me sentía triste, me tachaba de "dramática"; así es que cuando la tristeza asomaba, mejor me escondía a comer dulces y entonces sí caía en un dramatismo total. No aprendí que la tristeza es natural y que se vale sentirla. Al no tener una sana "nutrición emocional", intentamos a toda costa huir de ese cuerpo que manifiesta su dolor porque, por más que sea un malestar anímico, el que lo resiente es nuestro organismo: cuando nos "duele el alma", nos apretamos el pecho; o si estamos confundidos, nos agarramos la cabeza. Es decir, aun cuando sabemos que no es precisamente el pecho (a nivel físico) lo que nos aqueja, sí es el pecho (a nivel espiritual o emocional) el que nos avisa que algo duele. Entonces creemos que la manera más viable para alejarnos de ese dolor es tener el menor contacto posible con nosotros mismos. Es así como cada vez nos volvemos más insensibles ante nuestra propia condición. Aunque no lo parezca, nos atormenta menos nuestra gordura y lo mucho que comemos, que ese sentimiento de abandono, de enojo o de miedo que creemos que no podemos controlar.

Para que nos quede más claro, pensemos en un momento sumamente bochornoso, incómodo o doloroso, y observemos nuestra reacción al recordarlo. Tal vez lo primero que hacemos es sacudir la cabeza, taparnos los ojos, o querernos levantar de la silla. Naturalmente, la sensación ante algo así es querer escapar, es como un reflejo. Lucía, una dicharachera mujer de 43 años, se me acercó un día al terminar una sesión del taller "Comiéndome mis Emociones" para platicarme que está preocupada por su esposo, a quien encontró bebiendo solo la semana anterior, pero al mismo tiempo comienza a justificarlo. Es evidente el dolor que le causa contarlo porque sus ojos se llenan de lágrimas, sin embargo, en cuanto empieza a exteriorizar su angustia cambia la conversación para contarme de lo exitosa que es su hija y de lo mucho que le gusta su nuevo empleo. La detengo y le pido que vuelva al tema de su marido. Y cuando le pregunto si hay algo de lo que no se quiere dar cuenta, vuelve a contactar y suelta el llanto. Inconscientemente, al justificar a su compañero y desviarse del tema pretendía "escapar" de eso que tanto la dañaba, porque no solo era que él bebiera, sino muchas circunstancias más que Lucía prefería no ver, porque eso significa hacer algo con ellas, asumir responsabilidades y decisiones. Obviamente, tal como lo había hecho durante nuestra plática, su forma de "cambiar el tema" cuando se sentía sola era comer de más y centrar su atención en lo gorda que estaba.

Protegernos: Imaginemos a un pequeño que ve venir a su papá hecho una furia para regañarlo o quizá para pegarle; a su edad no tiene cómo protegerse, su tamaño y su capacidad de respuesta no se lo permiten; entonces instintivamente busca una manera de cubrirse. El aumento de peso, en muchos casos, es una de ellas.

Muchas personas que han sufrido abusos sexuales, en su deseo de no volver a ser "tocadas" en su intimidad (en todos sentidos), generan una capa protectora alrededor de ellas. Es como si su cuerpo se volviera una coraza.

Vivian había vivido una muy mala experiencia de divorcio, se salió de su casa con lo que traía puesto y con sus hijas de la mano. Su camino no ha sido fácil y menos cuando todo el peso de la responsabilidad se lo cargaba también en el cuerpo; su sobrepeso, aunque ella no se había dado cuenta, la había metido en una especie de coraza protectora que la alejaba de cualquier contacto íntimo que pudiera volver a dañarla como lo había hecho su exmarido. Cuando logró adelgazar, sintió un enorme pavor la primera vez que estuvo cerca de un hombre, y ni siquiera en plan romántico, simplemente al platicar con él, pues ella se hizo consciente de que ya no existía esa "barrera" entre ellos. Sentía que ahora estaba plenamente expuesto todo lo que había "protegido" con su obesidad.

Ubiquemos en el espacio cuánta distancia hay entre nuestro corazón y la parte donde nuestro pecho entra en contacto con el entorno. Coloquemos la mano en nuestra "panza" y reconozcamos la separación que existe entre ella y nuestro estómago, el real, el que hemos visto en los libros de anatomía. ¿Están próximos o alejados? La respuesta nos puede dar algunas pistas. Nuestra sabiduría interna es tan grande que "protege" las áreas vulnerables; por ejemplo, si observamos con detenimiento, notaremos que las niñas a cierta edad acumulan grasita alrededor del vientre. Esto tiene una razón de ser: la protección de sus órganos sexuales. Para poder sanar adecuadamente una herida, es indispensable ver el vendaje o la protección que la cubre. No requiere el mismo tratamiento una lesión protegida con una placa que aquella atendida con un yeso, o las que solo necesitan una venda o un simple curita. Es decir, si podemos reconocer cómo es la protección que nos hemos montado, será más fácil identificar qué clase de herida es la que tenemos y, así, determinar la pertinencia de continuar cubriéndola o, en su caso, dejarla ventilar. Por ejemplo, las personas que son muy violentas recurren al vendaje llamado agresión para cubrir un trauma tal vez generado por abandono, abuso, golpes, humillación, etcétera. Lo evidente es su protección. Cuando ellos logren entender las causas precisas de sus actitudes, ya podrán trabajar a la vez con la venda y con la herida. No podemos pedirle a alguien que deje de ser agresivo si antes no ha sanado sus lesiones ni ha fortalecido su capacidad de defenderse y de perdonar. Es el mismo trabajo que se hace con una persona a quien, después de una fractura, se le quita el yeso de la pierna y, antes de pedirle que corra, se le somete a terapia física y se le recomienda caminar con un bastón, despacio, hasta que adquiera la confianza necesaria para regresar a sus actividades cotidianas; es decir, no por retirar el yeso la lesión se ha recuperado por completo.

Por ejemplo, te cuento el caso de Silvia, quien siempre fue sumamente atractiva, carismática, con una familia sólida y sin problemas de autoestima. Nunca se preocupó por su peso ni por su estilo de alimentación; comía sin remordimientos hasta que se casó y, como un instinto de protección a su nido, se puso literalmente peso encima, se "vendó" para ocultar su atractivo y así evitar que algún hombre la volteara a ver y la "tentara" a alejarse de su nueva vida de madre y esposa. Hizo muchos esfuerzos por adelgazar y ninguno le funcionaba porque, cuando se volvía a sentir llamativa, una alarma se disparaba dentro de ella y volvía al caparazón. No fue hasta que entendió para qué usaba el peso que pudo comenzar a ver su cuerpo de otra manera y soltar el "yeso de kilos".

Castigarnos: Cuando sentimos que hemos hecho algo malo a los ojos de los demás, si nuestras costumbres, creencias y formación se han basado en la cultura del castigo, es muy probable que continuemos recreando estos patrones usando la comida para castigarnos. ¿Te ha pasado que te comes algo y luego te flagelas física o emocionalmente por ello?, o por el contrario, ¿te maltratas como penitencia matándote de hambre o dejando de comer? Esto de castigarnos está muy relacionado con lo que creemos de nosotros mismos; hay gente que se impone penitencias por sentirse contenta, por triunfar, por reír. ¡Sí! Aunque suene disparatado. Qué tal que nos dijeron: "¡No puedes sonreír si tu abuelo está muriéndose!", "¡No te rías tan fuerte, es de mala educación!", "¡Debemos cargar la cruz de nuestro sufrimiento!". Imagina qué pasa con un niño cuando su mamá le dice: "¡Acaba tu comida para que tu abuelita se cure y no se muera!", y la abuela al poco tiempo fallece. Al entendimiento de ese niño, ella murió porque él no comió bien. Y seguramente a partir de entonces su forma de comer estará cargada de culpa, dolor, confusión y mucho castigo. También decidimos castigarnos cuando percibimos, experimentamos o nos demostraron explícita o implícitamente que algo "malo" o "sucio" existe dentro de nosotros. Hay gran cantidad de casos en los que cuando alguien ha sido abusado sexualmente puede ocurrir

—si no fue de manera muy violenta— que haya sentido cierto placer mezclado con dolor, miedo, impotencia, y con la impresión de que algo muy dañino estaba ocurriendo. En este caso, no es de extrañarse que cada vez que esa persona experimente una satisfacción en su vida sienta la necesidad de castigarse por ello. ¿Sí me entiendes? El placer no es malo, pero si tuvimos una experiencia desagradable relacionada con él entonces así lo vamos a percibir. También puedo estarme castigando por tener pensamientos de odio hacia alguien, o por sentir deseo hacia alguien "prohibido", o por hacerle a alguien algo que no "debería" hacerle.

Te pongo el siguiente ejemplo: Marianela llega muy enojada a la segunda sesión del Taller "Comiéndome mis Emociones", ya que se siente muy culpable porque no pudo aguantarse las ganas de comerse un delicioso chocolate que le encanta; ese fue su primer discurso. Al revisar qué había pasado en la semana, entre otras cosas nos narró que tenía una relación que cumplía básicamente con lo que ella quería: un buen hombre, cariñoso y detallista. Sin embargo, no estaba satisfecha y se sentía "culpable" porque no lo quería ni deseaba estar ya con él, aun cuando era una buena persona. Su forma de "castigarse" fue devorar la golosina para así justificar su culpabilidad.

Es decir, trasladó la culpa de una situación a otra. Ante esto, ella deberá poner en una balanza sus propias ideas e historias acerca de la satisfacción y el merecimiento, sobre todo con el trabajo que le cuesta verse a sí misma primero antes de tomar en cuenta a los demás.

El asunto aquí no es centrar la atención en la comida, sino en las razones por las que una parte de nosotros cree (erróneamente) que debe ser castigada. En mi caso personal, yo me sentía una mala persona por no ser como mis amigas, por "romper" los esquemas tradicionales. Adquirí conciencia de esto cuando noté que uno de los sentimientos más recurrentes durante mis pérdidas de control en la comida era el deseo de castigarme. ¿Se dan cuenta? En vez de preocuparme por lo terrible de los atracones y la manera de frenarlos, le comencé a dar más importancia a lo que sucedía conmigo durante ellos. Una vez que logré reflexionar acerca de los motivos por los que me castigaba, comencé a preguntarme por qué habría de hacerlo, y así empezaron a emerger situaciones como la de sentir que debía "purgar" los "pecados" de mis padres. Ahora, viéndolo desde la perspectiva de la Adriana de cuarenta y dos años, he resuelto que ya no necesito hacerlo; sin embargo, el trabajo ha sido constante, ininterrumpido, porque aún mi tendencia se dirige hacia el castigo. Hoy me empeño en convencerme de que puedo vivir de manera diferente. Este es un ejemplo simple, pero hay historias realmente conmovedoras acerca de esta idea del castigo. Por mera "diosidencia" conocí a Lorenza, quien se equivocó de número telefónico y me llamó para pedirme informes de un departamento; le dije que no me dedicaba yo a eso y no sé en qué momento acabé contándole que me dedicaba a dar talleres y conferencias de nutrición emocional. Se quedó en silencio y me pidió que nos viéramos; yo no lo dudé y nos citamos para desayunar. Jamás me imaginé la historia que se escondía detrás de su tan perfecta apariencia, ya que me topé con una mujer súper atractiva, que parecía sacada de una revista de modas. Durante nuestro encuentro, en el que ella se limitó a fumar sin parar y tomar café negro, me contó que había tenido una infancia muy difícil al lado de una madre desequilibrada emocional y psicológicamente, de quien además de recibir maltrato físico escuchaba continuamente aseveraciones como: "Eres una niña mala", "Dios te va a castigar". Me narró cómo la castigaba obligándola a alimentarse con lo que no le gustaba, y si vomitaba la comida, la calentaba y se la volvía a dar una y otra vez, a fuerza de golpes e insultos. Para Lorenza, estas experiencias tan dolorosas y denigrantes la han llevado a seguir maltratándose porque eso es lo que aprendió. Varias veces ha estado a punto de morir debido a la anorexia y a la bulimia que desarrolló desde adolescente, que se disparó con la presión del entorno donde se movía, pero que se gestó mucho tiempo atrás.

Volver a contactar con la etapa oral: La primera experiencia vital que experimentamos al nacer es por medio de la boca. La conexión del bebé con su madre se da cuando esta lo alimenta dándole pecho, o mediante un biberón. Por lo general, estos momentos van acompañados de ternura, miradas suaves, abrazos y contacto. Aun cuando no lo recordamos racionalmente, nuestras células, nuestras fibras, nuestra piel, guardan esas sensaciones. No es de extrañarse que cuando nos sentimos desolados, asustados, desesperanzados, etcétera, queramos recobrar, mediante el contacto de la boca con el alimento, la sensación de que todo está bien, que alguien nos cuida y nos quiere. Es muy común que para callar un llanto o, más adelante, un berrinche, nos dieran un chupón, una paleta, una galleta o cualquier otro alimento. Así aprendimos –y con frecuencia lo seguimos haciendo– a tranquilizarnos, así como a buscar bienestar, calidez, ternura, cuidado y protección a través de un bocado.

Hacer acto de lealtad: Son innumerables las lealtades a las que inconscientemente nos adherimos para afianzar la pertenencia a nuestro sistema familiar. Después de un trabajo de Constelaciones Familiares,[1] Paloma, quien en un principio pensaba que el peso era una maldición porque le dificultaba tener pareja, se dio cuenta de que ella comía y engordaba comprometida con un acto de lealtad que en algún momento hizo con su mamá, quien quedó huérfana desde que era pequeña y posteriormente enviudó. Paloma, en un arrebato de amor –pero seguramente sin considerar las consecuencias–, desde el alma prometió vivir sola "como tú, mamá, pero siempre contigo".

La manera en que nuestra amiga se envolvió para cumplir esa promesa fue engordar con el fin de no ser atractiva y evitar el riesgo de encontrar pareja y formar un hogar. Solo así se quedó sola para acompañar a mamá.

De igual forma, Gloria decubrió –en las mismas terapias familiares a las que asistía Paloma– que había hecho inconscientemente un compromiso de "lealtad" con su padre, al que nunca conoció: lo esperaría para que él le diera el "permiso" de ser feliz. Para estar segura de que no se "movería" hasta que su papá la encontrara, Gloria se echó encima más de cuarenta kilos de sobrepeso y puso su vida en "pausa", esperando el banderazo para ser feliz. También hay lealtades en familias donde todos los miembros tienen sendos grados de obesidad, en las que sus integrantes viven pendientes de su propio peso, o donde todos disfrutan comer de más. Tengo una amiga que dice que el deporte extremo de su casa es comer, comer y comer. Así, pertenecer a una familia implica adoptar sus características.

---

[1] Constelaciones Familiares es una técnica utilizada en terapia sistémica familiar, creada y desarrollada por Bert Hellinger. Su objetivo es sanar o curar las heridas psicológicas existentes en las familias, entendiéndolas como un sistema en el que todos sus miembros están relacionados.

Como lo veremos más adelante, todas estas creencias las podemos actualizar para liberarnos de ellas o por lo menos adecuarlas a nuestro estilo de vida.

Dentro de las muchas relaciones que establecí con mi mamá hubo una muy fuerte y poderosa: yo, como ella, sufría por no estar delgada. Estar en constante lucha contra el peso, hacer dietas, romperlas, castigarme, etcétera, era como me identificaba con mi madre, era mi forma de decirle: "Yo soy como tú, mamá; aun cuando la vida nos separa, esto nos une para siempre". Así lo hice por muchos años, en medio de pleitos, sinsabores, reclamos y lejanías, lo único que nos mantenía en complicidad era nuestra relación con la comida y el peso.

> La historia familiar se expresa en el presente, y cuando los nudos del pasado se desatan, la persona libera su futuro.
>
> *Bert Hellinger*

Abandonarnos: Recuerdo que si había una imagen del abandono, esa era yo. Mal vestida, descuidada, desarreglada. Era como si no pudiera hacerlo de otra manera. Hoy he podido ver que al sentirme tan ignorada por mis padres, yo recreaba esa indiferencia en mi propia cotidianidad, y me decía: "Me abandono yo primero, antes de que tú me abandones a mí". Cuando somos pequeños, no podemos entender que nuestros progenitores, esas figuras tan importantes para nosotros, sean capaces de equivocarse, creemos que somos nosotros quienes fallamos. Yo "me abandonaba" para justificar que mis papás se olvidaran de mí; resultaba más fácil aceptar que yo les estaba dando motivos para hacerlo. Así me comporté durante mucho tiempo, ante mi incapacidad de relacionarme equilibradamente con el entorno y con los demás. Por miedo a ser cuestionada, me era más cómodo arrojarme a la dejadez, o desdeñar una relación o una situación que me exigieran algo que yo no era capaz de dar. Cuando hemos sentido un gran abandono –porque en realidad existió o porque así lo percibimos–, en nuestro interior asumimos que no vale la pena cuidarnos, porque si alguien ha despreciado nuestra existencia es porque algo hemos hecho mal. Requerimos entonces sanar esa parte de nosotros para comenzar a cuidarnos y liberarnos del encierro en el que nosotros mismos nos hemos confinado. Recordemos cuántas veces hemos hecho cosas como dejar de ir al médico, no pedir lo que necesitamos, aislarnos, descuidar nuestro aspecto físico y la higiene personal, vestirnos con ropa demasiado grande o muy chica, incómoda o sucia; no hacer lo que nos gusta, victimizarnos, olvidar nuestros sueños, desatender nuestra casa, descuidar hábitos de comer o de beber…

¿De qué forma reconoces tú que te has abandonado?

Las heridas que la mayoría sufrimos a causa del abandono son sumamente profundas, y si no son resueltas, continuamente resurgen. Por ejemplo, si alguna vez sientes que te mueres porque quien prometió hablarte por teléfono no lo cumplió, la angustia que te lastima no es porque esa persona no se haya comunicado contigo, sino porque ese hecho dispara en ti memorias de abandono. A medida que nos hacemos conscientes de esas remembranzas y centramos nuestra atención en ellas, podemos decidir literalmente arrojarlas al exilio.

Premiarnos: Mireya es madre soltera de dos hijos y, como la mayoría de las personas que llegan al Taller "Comiéndome mis

Emociones", sufre por no poder ponerse a dieta. Ella asegura frustrada que no puede dejar de comer pan dulce en la mañana. Cada vez que inicia un régimen, aguanta a lo mucho cinco días, pero al sexto su ración "normal" de dos piezas se convierte en una bolsa entera de sabrosos bizcochos. Al revisar lo que pasa en el día a día de Mireya, resulta que cada amanecer es como el banderazo para jornadas que parecen interminables: lleva a sus hijos a la escuela, se va a trabajar, regresa por ellos, los traslada a casa para volver a la oficina y quedarse ahí muy tarde. Esto, aunado a su reciente divorcio, sus deudas, explotación en el trabajo, etcétera. El único momento que ella se "regala" son los minutitos que dedica a comerse su pan dulce, es la forma en que se "premia" por ser una mujer tan valiente, buena madre, trabajadora y luchona. Como este ejemplo hay muchos en los que la comida se convierte en un gran premio. No es raro, ya que si recordamos cómo recompensaban nuestras buenas acciones, muchas veces el regalo estaba muy relacionado con comida. "Come bien y te invito un helado", "Recoge tus juguetes y te doy un dulce", "Sé buena con el abuelo y te compro una paleta". Cuando no encontramos el verdadero valor en las cosas que hacemos, como el desarrollo personal, la ayuda a los demás, la realización, el bienestar, etcétera, entonces buscamos constantemente recibir gratificaciones con algo ajeno a nuestro confort espiritual. Esta necesidad de ser "premiados" tiene mucho que ver con la forma en que fuimos condicionados o educados en nuestro medio familiar. Hay hogares donde se da mucha importancia a los resultados y se premia a quienes los logran. En otros, por el contrario, no se reconocen los esfuerzos y entonces sus integrantes buscan constantemente, de algún modo, la oportunidad de premiarse a sí mismos. Para dejar de recompensarnos con comida, es necesario revisar esta necesidad de ser premiados, analizar si lo buscamos como capricho, si lo esperamos porque así nos acostumbraron o porque es nuestro único objetivo; o si en realidad lo que pretendemos es el reconocimiento por lo que logramos y, sobre todo, por lo que somos. Cada vez que en nuestra vida pretendamos obtener un premio por lo que hacemos o dejamos de hacer, comencemos a darnos cuenta de que la existencia en sí ya es un regalo y se nos ofrece muy accesible de las maneras más simples –aparentemente–, pero que son impagables, como la respiración, la sonrisa, el llanto; como nuestra capacidad de amar y de pensar, de sentir, de hablar, de conectar con otros, de asombrarnos con el amanecer, de seducirnos con el mar, de soñar con extraviarnos en el cielo…

Relacionar comida con festejo: Víctor, un valiente hombre, que aun cuando en mis talleres acuden principalmente mujeres, se arriesgó a "desenmascarar" junto con nosotras su forma de comer, nos cuenta: "Mi problema, como el de muchos, es que siempre asocio la comida a eventos satisfactorios como cumpleaños, aniversarios, fiestas, logros. En mi familia es muy común decir 'Vamos a comer para festejar', en lugar de 'Festejemos y comamos'. Estar reunidos en torno a los alimentos es una tradición muy nuestra. Puede haber problemas, peleas, infidelidades, incongruencias, carencias, demandas… pero a la hora de la comida todo se deja de lado, el festín se torna en un momento de paz, de sosiego, en una oportunidad para olvidar lo que ocurre en nuestra vida cotidiana".

Invariablemente, las reuniones de negocios se acompañan de viandas y bebidas, recibimos y agasajamos a nuestros invitados con ricos platillos, celebramos los éxitos, acompañamos los fracasos, entablamos amistades. Todo alrededor de la comida.

Rebelarnos a no ser aceptados como somos: Si una familia se preocupa tanto por el cuidado de la apariencia y el peso entre sus integrantes, a costa de ignorar otros valores como la autenticidad, el esfuerzo, la confianza, la dedicación, la sencillez, es probable que surja en todos o algunos de sus miembros una rebeldía interna ante la incapacidad de sentirse aceptados así como son.

Cuando yo era pequeña, tanto se preocupaba mi madre por mi gordura que, hoy me confiesa, le enojaba muchísimo mi condición porque ella también había sufrido de sobrepeso y no quería volver a enfrentarlo ahora con su hija, pues había sido muy doloroso. Actualmente, puedo comprender que aquellas reacciones de mi mamá se manifestaban desde su miedo, pero sobre todo desde el amor que sentía hacia mí; sin embargo, el hecho de que en ese entonces y por mucho tiempo no pudiera apreciar mi verdadero yo, mi sensibilidad ni mis esfuerzos, pero principalmente que no tuviera la capacidad de aceptarme tal como era, causaba en mí un gran enojo, un dolor y una frustración tan profunda que sin darme cuenta mi forma de llevarla al límite era no adelgazar para confirmar si, a pesar de no ser perfecta, mi madre continuaría queriéndome. También, abandonarnos en el sobrepeso es muestra palpable de nuestra resistencia a aceptar situaciones que van en contra de nosotros, como asumir roles que no nos corresponden; por ejemplo, el hecho de que a temprana edad nos veamos obligados a hacernos cargo de nuestros hermanos o incluso de nuestros padres. Engordamos, pues, para desafiar la opresión, la indiferencia, los abusos a los que estamos expuestos.

Crecer o no crecer: Hay muchas historias que relatan cómo el entorno exige crecer rápido y "estar a la altura de los adultos", pues muchas veces hay circunstancias adversas que impiden que nuestra infancia suceda sin complicaciones. Así se nos "arrebata" nuestro derecho a ser niños, con todo lo que eso implica: ser irresponsables, ser cuidados, guiados, complacidos, juguetones, etcétera.

Lucía, junto con su media hermana que era mucho mayor que ella, creció en un hogar donde su madre (soltera), además de encargarse de sus hijas, también cuidaba de su propia mamá, sus sobrinos y su hermano menor, por lo que trabajaba todo el día. Esta señora tan ocupada nunca se permitió jugar con su pequeña hija. Parecía que en esa casa no había ni una muestra de que ahí vivía una niña.

Era un mundo de mayores, con conversaciones, actividades y responsabilidades de adultos; nadie "bajaba" al mundo infantil de Lucía. Ella tuvo que "crecer" para integrarse al ambiente adulto que la rodeaba. Se convirtió en una niña casi obesa porque era indispensable aumentar su tamaño para ocupar un lugar en aquella familia, para hacerse visible y, al mismo tiempo, gritarle a los demás que tenía necesidades.

Quizá también nuestros desmesurados e irreflexivos hábitos alimenticios se relacionen con el deseo de continuar siendo unos niños malcriados y no hacernos responsables de nosotros mismos. Hace apenas unos años me percaté de que estaba dejando de ser una niña que pedía permiso, hacía berrinches y usaba a la gordura para victimizarme y para seguir llamando la atención de mis padres y de quienes se aparecieran en mi vida.

Para construir un vínculo con nuestros padres: Como se menciona en el tema de la lealtad, constantemente buscamos afianzarnos a algo que nos permita vincularnos con nuestras figuras familiares más importantes: nuestros padres, principalmente. Mediante la comida (elemento inseparable de nuestra historia familiar) encontramos la forma de acercarnos a ellos. Por ejemplo, si el único momento en que la madre dedica atención a su hijo es cuando está pendiente de su manera de comer, de inmediato el pequeño percibe un vínculo que aprovecha para hacerla enojar, sufrir o pelear; el caso es que cuando él come, recibe el interés de su mamá. Pasa el tiempo y, aun cuando ya no vivan bajo el mismo techo, ni a la madre le importen ya los estilos de su hijo para ingerir los bocados, ese lazo familiar, construido sobre la base de los aromas y los sabores culinarios, queda marcado en el interior del hombre para continuar actuando e influyendo en sus hábitos de alimentación, probablemente hasta el fin de sus días.

Cuando Olga llegó a la primera sesión del taller, lucía un aspecto sombrío, vestía colores oscuros, tenía la mirada puesta en el suelo, usaba calcetas de niña y zapatos de goma, a pesar de tener cerca de 50 años. Durante cada sesión dejaba ver aspectos de su niñez que poco a poco me hicieron entender el porqué de su historia con la comida. Sus padres peleaban constantemente, y como ella era la consentida de su padre, su madre le repetía que debía ayudarla a evitar que él los abandonara. Como si eso no fuera ya suficiente carga, además debía ocuparse de sus hermanos menores y hacía cualquier cosa para que no se enteraran de la mala situación por la que atravesaba su familia. El único momento en el que ella se sentía liberada de su pesado papel era cuando se sentaban a la mesa y su padre, generoso, le ofrecía mucha comida. Era durante esos mágicos instantes cuando se formaba una gran unión entre ellos. La relación de Olga con su progenitor continuó por mucho tiempo vinculándose por medio de la comida. Recuerda cuando él la despertaba a media noche para ofrecerle cualquier bocadillo y ella casi dormida lo saboreaba, sintiéndose importante, mientras su padre la observaba desde la puerta, sonriente y orgulloso de su hija porque compartía con él la pasión por la comida. Cuando él abandonó finalmente el hogar, la primera reacción de Olga fue revisar el refrigerador: ¡estaba vacío! Se había ido papá y con él todas las delicias que la hacían sentir que todo estaba bien, pues aun en los peores momentos, cuando todo parecía derrumbarse, la comida le daba consuelo. Su historia relacionada con los alimentos continuó por muchos años. Hubo noches en las que –esperando que llegara su mamá, quien había decidido liberarse y salir a divertirse– ahogaba su desconsuelo devorando víveres, que a veces apenas podía tragar porque la garganta se le cerraba de tanto llorar. Este vínculo que se propició entre la comida y sus sentimientos marcó en mucho la vida de Olga. La mantuvo "cerca y en complicidad" con su papá, pero también la alejó de sus expectativas de desarrollo personal.

No se ha casado, se le dificulta pedir lo que necesita y siente una enorme necesidad de cuidar de los demás, como lo hizo con su madre y sus hermanos; sin embargo, se ha olvidado de proteger a la persona más importante: ella misma. Por fortuna, Olga ha comenzado a sanar las heridas provocadas por su inadecuada relación con la comida. Ha aprendido que la vida es para vivirse y para tomarse. Ha comenzado a hacer ejercicio después de treinta años; se ha atrevido a pedir un aumento… en fin, también ha aprendido a pedir ayuda. Cuenta que por las características de su trabajo, constantemente debe acarrear unos libros muy voluminosos. Siempre lo hacía sin que, alguien la apoyara, hasta que decidió que era una carga muy grande para ella. Ahora, cada vez que trae los libros, aparece alguien que le ayuda. Así también ha comenzado a deshacerse de su peso corporal, ha bajado quince kilos desde que asumió la determinación de que merece vivir plenamente; y desde que adquirió conciencia de que romper ese agobiante vínculo de amor entre ella, la comida y su padre, no significa que sea incapaz de amarlo y recordarlo.

Por creencias en la familia: "En esta casa nada se desperdicia", "Nada sana mejor al corazón que una sopita caliente", "Pancita llena, corazón contento", "A los gordos nadie los quiere", "Come más porque te ves desnutrido", "Pareces muerto de hambre", "Decir que no te gusta es de mala educación", "Te hice tu comida preferida para que veas cómo te quiero", "Al corazón se le conquista por el estómago"...

Estas frases impactan más de lo que nos imaginamos en nuestra manera de comer. Es como si se quedaran "tatuadas" en alguna parte de nuestra mente.

Es difícil rechazar unos chilaquiles que mamá preparó con todo el corazón o resistirse a una comilona llena de diversión.

También hay otras expresiones como: "Deja de llamar la atención", "No provoques a los hombres"... que aunque no tengan que ver directamente con la comida, sí causan disturbios en la relación con nuestro cuerpo, con nuestros sentimientos de pertenecer, merecer, temer y confiar. A mí me costaba mucho trabajo dejar la diversión, el colorido, el entretenimiento y el apapacho que una bolsa de papas o un paquete de galletas me proporcionaban.

La forma en que cada familia se relaciona con la comida es muy probable que marque la forma de comer de los miembros que la conforman. Según la personalidad de cada familia, la hora de la comida es sagrada o muy ceremoniosa; es informal o espontáneamente divertida... En casa de mi papá el desayuno diario constaba –invariablemente y sin excluir nada– de yogur, gelatina, fruta, huevo y pan dulce. Así yo en mi hogar, por mucho tiempo, repetí la misma rutina alimenticia hasta que decidí que en las mañanas a mí ni me daba tanta hambre, ni me daba tiempo de comer tanto. Me costó mucho lograrlo, pues ni siquiera me había cuestionado lo conveniente que era para mí esa decisión. Como esta, adoptamos miles de costumbres que continúan determinando nuestra manera de comer, aun cuando no nos benefician y mucho menos se adecuan a nuestro estilo de vida actual.

> *Te invito a que revises qué creencias y costumbres tienen en tu familia en torno a la comida. Anótalas en una hoja y comprueba si concuerdan con tu estilo de vida, si te gustan y te hacen sentir bien; o si te das cuenta de que ya no las necesitas hoy en día. También revisa qué sentimientos o sensaciones surgen en ti mientras traes de vuelta esas ideas que te han acompañado por tanto tiempo.*

Por un vacío espiritual: Para mí, la espiritualidad es la cualidad que tenemos para conectarnos con la fuente original, con la energía creadora, con el amor universal, con eso que cada quien nombra y vive de manera personal. Para poder sentir esa conexión con algo más grande es necesario iniciarla con nosotros mismos, con ese destello divino que todos poseemos. Ignorar esa sensación de que no estamos solos y que somos parte importante del engranaje de la vida, genera vacíos, desesperanza, descontrol, soledad. Es como si el alma nos gritara que algo nos falta e, ignorándola, intentáramos acallarla con un gran bocado.

Carencia: Jon Gabriel, en su libro *El método Gabriel*, plantea que ante cualquier carencia en nuestra vida, ya sea de pareja, económica, de certeza, de realización, de entendimiento, de afecto o de atención, inmediatamente reaccionamos "almacenando".

Acumulamos comida, grasa y peso... Es como si nos dijeran que durante dos semanas no venderán agua embotellada en ningún lado. Nuestra primera reacción será correr a comprar de inmediato todas las botellas de agua que podamos. Nuestro sistema vital es tan complejo que ante cualquier indicio de desestabilización intentará a toda costa protegernos y salvarnos; y si en él están grabadas experiencias de restricción, de cualquier tipo, hará lo posible por abastecerse a la primera oportunidad que se le presente.

Un amigo me platicaba que cuando era pequeño en su casa los recursos económicos resultaban insuficientes, y como eran demasiadas bocas que alimentar, la poca comida que había causaba que se desatara una lucha familiar en la que cada integrante se arrojaba a la mesa para consumir lo más que pudiera, pero él siempre se quedaba con hambre. Actualmente, su apetito sigue siendo voraz, aun cuando el alimento sea abundante.

Como se ha mencionado, estas carencias no solo tienen que ver con comida, sino también con cualquier sentimiento de insatisfacción que nos invada.

Recuerdo que cuando intentaba encontrar la relación entre ciertos momentos de mi vida y mi manera de comer, lograba percibir que durante mis etapas de estabilidad económica prácticamente desaparecían los atracones y la angustia en torno a la comida. Mis hábitos alimenticios se normalizaban.

Una de las peores crisis de mi vida adulta que me llega a la memoria se presentó cuando mi exmarido perdió su trabajo. En aquel tiempo yo me dedicaba al hogar y a mis hijas, y nuestra situación económica se deterioraba más cada día. Tuve que prescindir de la ayuda doméstica y dejar el club donde mis hijas y yo hacíamos ejercicio; adeudábamos los coches y las colegiaturas; mis amigas me ayudaban con la despensa... Y yo solo pensaba en comer, comer y comer. Tanto me rebasaban las circunstancias, que así me quejaba con mis amigas: "Siento que me han despojado de todo, ¿por qué no me pueden arrancar las ganas de comer?". Creo que la única hambre que me sentía capaz de saciar era de la mi boca.

Revisa si en tu experiencia personal alguna vez hubo una carencia que propició tu descontrolada forma de comer.

Autoestima: La autoestima es la idea que tenemos de nosotros mismos, y depende de nuestra capacidad de confianza y valoración por lo que somos. No es cosa sencilla, si consideramos que en la mayoría de los casos hemos sido programados para todo lo contrario; hemos aprendido a tener miedo de mostrarnos porque pensamos que no seremos suficientes para que los otros nos acepten y nos amen. El doctor Alfredo Zúñiga, director clínico de Eating Disorders México, comenta que los seres humanos buscamos dos formas de ser aceptados: por lo que somos y por cómo nos vemos.

Curiosamente, es común en nuestros días pretender la aceptación a partir de nuestra apariencia, ya que tenemos la idea de que eso sí lo podemos cambiar; es decir, es más factible pensar que podemos mejorar nuestro aspecto para que nos quieran, que arriesgarnos a que nos rechacen por lo que somos. Mantenemos la esperanza de que si logramos arreglar nuestro exterior no tendremos que componer nuestro interior.

Es más fácil pensar que no logramos lo que queremos por estar gordas que por algún miedo oculto, como en el caso de Oli, que usaba su sobrepeso como una razón para no buscar pareja. "Yo ya no estoy para eso, no me interesa; además, con este cuerpo nadie me va a querer". Culpaba a su obesidad, cuando en realidad era un pretexto para no aceptar que ¡claro que quería una pareja!, pero le aterraba la posibilidad de que nadie la aceptara por lo que ella era en verdad. Su historia de vida había acumulado tantas carencias, abandonos y sufrimiento que pensaba firmemente que nadie querría estar con alguien tan lleno de dolor.

El primer paso para mejorar nuestra autoestima es aceptarnos como somos y abandonar toda idea de cambio que constantemente nos predisponga a pensar que así como estamos no somos suficientemente buenos. Amarme tal cual soy implica de entrada conocerme, descubrir mi esencia, más allá de mi propia percepción o la de los otros. En el proceso de conocerme es importantísimo no juzgarme y aceptarme con todo lo que implica ser yo: mi herencia genética, mis condicionamientos familiares, sociales y culturales, mis limitaciones, mis habilidades, mis miedos... Partir de lo que existe y de lo que está a mi alcance es el único camino para moverme hacia otro lugar. No puedo tomar un avión hacia Roma si no sé desde dónde voy a partir. Es muy común que esperemos a tener el cuerpo perfecto para entonces sí quererlo y cuidarlo, pero la noticia es que esa figura ideal es solo una proyección fantasiosa para evadir la responsabilidad de lo que nos sucede hoy.

Susana bajó más de quince kilos y fue muy fuerte la decepción y el descontrol que tuvo al darse cuenta de que, aun así, continuaba odiando su cuerpo y su vida. Y es que, al final, nuestro cuerpo es el mismo si pesa cuarenta, sesenta o ciento veinte kilos porque, además de contener los mismos órganos, no dejará de funcionar como el receptor de nuestras emociones y pensamientos; mientras estos no cambien, el sentimiento hacia nuestro cuerpo tampoco lo hará, a pesar de su apariencia.

Hay personas que logran bajar de peso, pero ahora se lamentan de su edad, de sus arrugas y de los pellejos que les quedaron por adelgazar; o "alucinan" su trabajo y se quejan constantemente de su pareja. El caso es que, a pesar de ser delgados, siguen sin aceptarse y continuarán haciéndolo mientras no decidan reflexionar sobre las repercusiones de esa actitud, mientras no se cuestionen para qué o por quién lo hacen, qué temen, qué ganan...

Con melón o con sandía (gordura contra delgadez)

Desde pequeña, ante los actos de mis padres, me vi muchas veces en la necesidad de elegir a quién defendía y a quién "traicionaba". Si mi papá nos llevaba con su ahora esposa, me decía: "No le vayas a decir a tu mamá que vino Isa, ¿eh?". Y, en su turno, mi mamá me exigía: "Dime si tu papá llevó a Isa". ¡Híjole! ¿Se imaginan cuánta carga emocional debía soportar yo, que además era súper aprensiva, insegura y miedosa? Lo peor es que sentía —sin saber por qué— que todo era mi culpa. Me las arreglaba para tratar de cubrir a los dos, pero al final siempre acababa "decepcionando" a alguno o a ambos. Hoy en día, sigo encontrándome en situaciones en las que me angustia mucho tomar decisiones o decir algo por miedo a "decepcionar" a alguien.

Mientras avanzaba en el proceso de reconocerme a través de mi relación con el peso y la comida, encontré una reflexión muy interesante y sanadora: descubrí que mi concepto de DELGADEZ estaba muy relacionado con la complexión de mi papá, que es un hombre demasiado esbelto y, desde mi percepción, débil y sumamente vulnerable. En cambio, la imagen que percibía de mi mamá (segura, grande, poderosa) la vinculé de manera inconsciente con la idea de GORDURA. Ahora entiendo que cuando tuve que decidir con quién debía quedarme, si con melón o con sandía, mi "niña interior" decidió que con mi madre tenía más posibilidades de supervivencia. Es decir, resolví cobijarme con GORDURA. Lo que menos me podía permitir era ser vulnerable, aun cuando todo mi ser pedía a gritos que necesitaba protección. Esta reflexión hizo que al fin entendiera que, aunque mi aparente deseo era estar esbelta, mis alarmas internas se disparaban cada vez que yo adelgazaba.

A la fecha he logrado despojarme paulatinamente de esas ideas para ubicarlas en su justa dimensión; es decir, mi "adulta de hoy" entiende que no necesito estar gorda para ser segura y fuerte. También he podido integrar a mi vida esa parte vulnerable y hermosa de mi espíritu que me permite ser creadora y sensible.

> *Te invito a que realices el siguiente ejercicio:*[2]
> *Siéntate y adopta una posición cómoda, descruza tus brazos y tus piernas. Respira profundo, llevando la inhalación hasta tu abdomen, mantenla ahí por unos segundos… Exhala… Una vez más: inhala profundo… Exhala y hazte consciente de los límites de tu cuerpo. Siente dónde acaba tu piel y dónde inicia el espacio que te rodea; dónde terminan tus pies y comienza el suelo. Percibe los límites entre tus piernas y la superficie en la que estás sentado; la frontera entre tu cabeza y el principio del Todo. Imagina y siente que esos bordes comienzan a ser cada vez más sutiles, más débiles, y que tu cuerpo comienza a crecer, crecer y crecer… Se vuelve cada vez más pesado, más corpulento, más grande… Ocupas ya*

---

[2] Te recomiendo que pidas a alguien que te ayude a leerlo, o que lo grabes y lo reproduzcas para que puedas realizar esta actividad a plenitud. Escribe en una hoja todas tus ideas sobre gordura y delgadez que se hayan generado a partir de las experiencias sensoriales que tuviste durante la sesión.

mucho espacio. Permítete sentir cómo te expandes y rebasas todos los límites. Puedes hacerlo, siéntete seguro... Ahora, date unos quince segundos para reconocerte así; advierte qué pasa contigo al saberte grande, enorme; qué sensaciones vienen a ti. Obsérvate... Sigue respirando...

Ahora imagina que esa pesadez, esa grandeza, comienzan a disolverse, a derretirse... Siente cómo la carga se desvanece poco a poco, se aligera, cada vez pesas menos y cada instante tu cuerpo es más pequeño... Regresa a tu estado actual y detente ahí unos segundos, siéntete... Ahora, déjate ir todavía más y nota cómo tu peso se desvanece, se aligera y disminuye cada momento... Trasciende todos los límites, los bordes... Entonces, observa qué sensaciones se apoderan de ti, qué ideas... Quédate ahí otros quince segundos, sintiéndote muy ligero, muy delgado... Ahora retorna poco a poco a tu naturaleza real. Siente tus pies tocando el suelo; tus glúteos, la superficie; tus manos, la textura en la que están recargadas... Regresa al aquí y al ahora... Permanece así unos instantes, haciéndote consciente de tu presencia, de tu cuerpo... Inhala profundo... Exhala haciendo un sonido por tu boca... Otra vez...Comienza a mover tus manos, tus pies, tu cuello; estírate como cuando acabas de despertar. Abre tus ojos, observa el espacio...

Cuando yo practiqué el pasado ejercicio, me di cuenta de que me gustó sentirme grande y pesada, poderosa, inamovible, muy por encima de todos. Mas saberme delgada me asustó. Esto no quiere decir, como lo mencioné antes, que la gordura me daba fortaleza, pero esa era mi percepción, y me dio mucha luz para entender mi comportamiento respecto al peso.

Ser capaces de deshebrar la madeja de nuestras creencias nos genera un sentimiento de paz, ya que vamos entendiendo, le damos orden, validez y lógica a nuestras historias.

No se trataba de cerrar la boca

Algunas de las frases que más escuchamos quienes tenemos una mala relación con la comida son: "Pues cierra la boca y ya", "Mira, si ya sabes lo que no puedes comer, pues nada más no lo hagas", "Esto es de fuerza de voluntad"… Y, créanme, ¡yo sí las oía! Las procesaba y me parecían muy lógicas; las entendía, pero, con todo y todo, NO PODÍA CERRAR LA BOCA. Entonces mi desesperación se duplicaba, porque me sentía tan incurable frente a mis desenfrenos alimenticios, como retrasada mental ante mi incapacidad para entender algo tan sencillo y lógico como: "Si no comes lo que engorda… pues adelgazas". Ahora comprendo, después de todo, que no se trataba solo de cerrar la boca y no comer. He comprobado que esa hambre voraz no era de comida, sino de afecto, de comprensión, de límites, de referencias claras, de confianza, de compañía, de aceptación, de atención, en fin, de que alguien me dijera qué hacer con todo lo que yo sentía. No podía cerrar la boca porque tenía mucho que decir. Lo malo es que como no sabía que podía hacerlo, aprendí a callarme, pues cuando hablaba de lo que sentía, incomodaba a los demás. Entonces, lo que quería salir de mí no debía dejarlo escapar. Así es que, para callarme, llenaba mi boca de comida, como cuando a un bebé que está llorando le damos un dulce o un chupón para que deje de molestarnos. La noticia es que todo lo que yo me callaba mi cuerpo lo gritaba.

❖ ❖ ❖

Yo aquí no quiero estar

Cada dieta que hemos hecho y todo esfuerzo que hemos realizado por bajar de peso lleva un deseo oculto en el fondo de cada uno de nosotros: "salir corriendo". ¿De qué? Aparentemente de nuestro cuerpo no perfecto, cuando en realidad ese anhelo tiene que ver con querer escapar de nuestra realidad, alejarnos del dolor que hemos sufrido, huir de nuestra responsabilidad.

Volviéndome invulnerable

Deseamos a toda costa protegernos, sin darnos cuenta de que al hacerlo nos alejamos también de la capacidad de reconectarnos con nuestra verdadera fuerza, esa que se manifiesta precisamente al reconocer nuestra vulnerabilidad, desde donde podemos encontrarnos, descubrir eso que somos. Ser vulnerable significa aceptar que tenemos la capacidad de sentir, cualidad que le da significado a nuestra existencia, que nos convierte en verdaderos seres humanos. Los sentimientos son los recursos del alma para avisarnos de lo que sucede, lo que necesitamos, o lo que estamos obteniendo; son las señales que nos marcan el rumbo a lo largo de la carretera de la vida.

Imagina que, de noche, subes a tu auto para iniciar un largo viaje recorriendo esa sinuosa autopista sobre la que has conducido cientos de veces, pero en esta ocasión se descomponen los faros, que son la herramienta que accionas desde el interior del vehículo para conectarte con el exterior; son los instrumentos sin los que no podrías distinguir las condiciones del camino y, por más que lo conozcas, te resultará casi imposible transitarlo. Aunque tratas de guiarte con las luces de los otros coches, te das cuenta de que unos van demasiado rápido, otros muy despacio, o no llevan el mismo rumbo que tú y, en periodos, ni siquiera aparece alguien a quien seguir. Te sientes perdido, ya que aunque hay señales externas (letreros anunciando curvas, vados, velocidad máxima, desviaciones…), te es imposible distinguirlas porque tus faros están apagados.

Eso mismo pasa cuando nos negamos a sentir: no podemos reconocer las señales externas ni guiarnos por ellas si no tienen una relación con las internas. Imagínate que no sirve el marcador de gasolina de tu coche, por más que veas una gasolinera no vas a saber si tu coche la necesita o no. Estas señales externas son las evidencias de lo que ocurre, lo que está; son todas esas circunstancias de la vida que, aunque son inmutables, siempre nos ofrecen la alternativa de elegir cómo afrontarlas. Es nuestra decisión si las aprovechamos o las ignoramos, ahí están para nosotros.

Los sentimientos no son ni buenos ni malos, simplemente son, y cada uno de nosotros tenemos la capacidad de sentirlos todos: el odio, la vergüenza, la desesperanza, el desamparo, el abandono, la tristeza, la alegría, la satisfacción, la saciedad…

Dudo que quien nos creó (cualquiera que sea la idea que se tenga al respecto) solo haya concedido a algunos sentimientos que a otros negó. Lo que ocurre es que hemos etiquetado tanto aquellos que se vale sentir, como los que no se nos permite manifestar: "Las niñas lindas no se enojan", "Es malo sentir envidia", "En esta familia nadie llora", "Llorar es para los débiles", "Los hombres no lloran"...

Cuando nos "casamos" con ideas acerca de los sentimientos y los etiquetamos como buenos, malos, permitidos, pecaminosos, prohibidos, etcétera, nos enfrentamos a un gran dilema porque como no son negociables y nuestro ser está diseñado para sentirlos todos, en el momento que aparece uno catalogado como "prohibido", como la envidia, el enojo, el resentimiento, la ira, la inconformidad, nuestro sistema de creencias intenta todo con tal de no reconocerlo; sin embargo, no logra que desaparezca, simplemente lo "esconde", y ese proceso nos confunde porque creemos que eso que estamos sintiendo no deberíamos sentirlo. Nos sucede cuando, por ejemplo, llega un niño y sin querer nos pisa muy fuerte en el pie. La sensación de dolor está ahí, es innegable, pero también nos enojamos por haber sido lastimados; no obstante, nos decimos: "¿Cómo me puedo enojar si es un niño?". No se trata de que le peguemos al pequeño para descargar toda nuestra furia, sino que reconozcamos lo que sentimos y entonces sí, como adultos pensantes, podamos decir: "Me duele el pie y me enojó que me pisara, pero entiendo que es un niño y que no se fijó". Así le estamos dando validez a nuestro sentir. Si el enojo persiste y necesitamos desaparecerlo, pues vamos al baño, pegamos tres gritos y nos sobamos el pie.

Cuántas veces nos reprimimos: "¿Cómo puedo sentir tristeza por esa persona, si ni la conozco?", "¿Por qué le voy a reclamar a esa señora que no me dio mi cambio, si es tan buena?", "¿Cómo envidiar a la amiga que se quedó con el puesto que yo quería, si soy tan buena y la envidia es mala?". La realidad es que si lo sentimos es porque ahí está. ¿Qué pasa si a esto le agregamos las etiquetas que le hemos puesto a la comida? Pues que establecemos relaciones.

Fíjate qué maravilloso y sorprendente es nuestro sistema. Volvamos al ejemplo de la amiga que gana el puesto al que aspirabas. A pesar de todo lo que comienzas a decirte a ti misma: que no debes sentir resentimiento, pues es tu amiga; que ella se merece ese ascenso; que tú deseas su bien y compartes su éxito; que eres muy buena gente, segura de ti misma y que por eso no deberías de estar sintiendo eso tan "feo"... Aun con todas esas justificaciones, te das cuenta de que te invade una sensación incómoda. Entonces (y todo de manera inconsciente), en la siguiente escena apareces devorándote un paquete completo de galletas rellenas de chocolate. Como esos bocadillos te son "prohibidos", sientes mucha culpabilidad por haberlos consumido y ahí sí te dejas ir con todo: "Soy de lo peor, me tragué las galletas. No puedo con la culpa, soy muy mala. ¿Cómo pude? No tengo fondo". Te enfureces muchísimo porque no pudiste evitarlo. Si te das cuenta, hiciste una proyección de los sentimientos reales que no manifestaste al rechazar que sentías envidia, solo para ocultar las razones que la provocaban. Nos es más fácil pensar que esas emociones se presentan más por haber comido, y no por haber sentido algo "prohibido".

A medida que aprendemos a aceptar lo que sentimos, podemos satisfacer nuestras necesidades reales y disminuir la angustia, esa que nos conduce invariablemente a visitar la alacena, el refrigerador, la tiendita y los rincones donde escondemos comida. Te pondré otro ejemplo: la primera vez que mi socia y yo ofrecimos una plática introductoria para un taller, nos habían confirmado su asistencia cerca de treinta personas, pero solo llegaron siete. La conferencia estuvo increíble y de ahí nos fuimos a cenar. Experimenté una sensación de incomodidad, pues me invadían sentimientos encontrados que al principio me negué a reconocer hasta que les pude poner palabras: me sentía decepcionada de que hubiera asistido tan poca gente, pero muy contenta con la respuesta de quienes estaban presentes; y verdaderamente satisfecha con mi desempeño durante la plática. (En nuestro espíritu, cuando están latentes dos emociones opuestas, nada impide que se manifiesten simultáneamente. Un sentimiento no tiene por qué negar al otro.) Inmediatamente se desvaneció aquel efecto incómodo. En otra circunstancia me hubiera peleado conmigo, reclamándome: "No debes sentirte decepcionada, no seas injusta, asistió a tu conferencia quien tenía que asistir". Con eso estaría negando lo que en realidad me sucedía. ¡OJO! No pretendo que debamos convertirnos en unos pesimistas; al contrario, es muy importante reconocer, aceptar y apreciar lo positivo de las cosas, pero hemos de aprender a darle voz a lo que sentimos y a conducirlo hacia una adecuada solución. Pensemos en esas personas que se la pasan diciendo: "Todo bien, todo bien, aquí no pasa nada, vámonos para adelante, nada de quejarse", y por dentro están que se las lleva el demonio.

Reconocer lo que sentimos es una de las herramientas más valiosas que tenemos para saber cómo actuar y por dónde andamos. La honestidad con nosotros mismos es el primer paso para reconocer nuestra perfección, que a su vez es ¡perfectamente imperfecta! Tómate unos segundos para reconocer qué estás sintiendo en este momento. ¿Curiosidad? ¿Angustia?... Identificar asertivamente lo que sentimos puede resultar complicado si no estamos acostumbrados a hacerlo.

Para empezar a entrenar, te invito a que compres una libretita y que durante una semana anotes constantemente cómo te sientes. No necesitas "echarte choros" enormes, ni analizarte a profundidad. Solo deja salir expresiones como: caliente, frío, apretado, incómodo, atado, relajado, asombrado, cansado, aterrado, confundido, raro, con ganas de gritar, quieto, alebrestado, enojado, temeroso, expectante, aturdido, vibrante, pausado, dinámico, intolerante, explotando, contenido, contraído, expandido, culpable, invisible, asediado, empalagado, hambriento, sediento, vacío, lleno, antojado, vulnerable, indefenso, desesperanzado, vengativo, envidioso, fresco, vivaz, inseguro, revuelto, atosigado, atónito, conmovido, debilitado, fortalecido, complacido, insatisfecho, alerta, aletargado, asfixiado, arrebatado...

Esa libretita será la receptora de tu situación anímica, no emitirá juicios ni te regañará. Tampoco te va a vigilar. Simplemente será testigo de lo que sientes. Revisa qué acontece en tu interior cada vez que logras ponerle palabras a ese sentir.

¿Notaste que a pesar de esa lista de sentimientos —que no representan ni la cuarta parte de los que somos capaces de experimentar— hemos reducido nuestra expresión a bien, mal, normal, *maso* (más o menos), ahí pasándola, equis...?

El deseo de escapar... ¿de qué?

Cuando escuché por primera vez hablar de que comemos de más para "escaparnos" se me hizo rarísimo. Pensé: "¡Como de qué querría yo escapar?". Y desde que inicié el proceso de volver a contactar conmigo, me doy cuenta de que claro que me la pasaba yo escapando de mi realidad. Era mucho menos doloroso pensar que no podía parar de comer, a asumir que mi mamá prefería rehacer su vida amorosa que acompañarme a hacer la tarea. En realidad, de lo que queremos escapar es de SENTIR.

Recuerdo que estando en terapia con una especialista en trastornos de alimentación, como respuesta ante mi costumbre de dar explicaciones a todo, y me decía: "Eres muy lista, pero no me estás diciendo qué sientes. No contactas". Yo me enojaba porque sentía que ella no validaba lo que le decía. ¡Cómo era posible que me dijera que yo no contactaba ni sentía, si yo era capaz de acabarme una caja de pañuelos desechables en cada sesión!

Hoy veo todo más claro: me abandonaba a la tristeza de manera exagerada, pero no me permitía contactar con el enojo, la debilidad, la insatisfacción, el miedo, la invalidación, el éxito, el reconocimiento, el abuso... Saliendo de esa sesión, lloré inconsolable, sin poder calmarme durante más de tres horas. Una frase resonaba en mis oídos: "Nena, se vale sentir".

Cada vez que comemos "por ansiedad" en realidad estamos escapando de lo que sentimos, así hemos aprendido a hacerlo. Dice Geneen Roth que preferimos crear un problema secundario –como nuestra forma de comer– cuando sentimos que el problema principal es tan grande que podría desbaratarnos. Es más fácil irnos a ese lugar llamado "no puedo parar de comer" que afrontar un sentimiento o una situación que no sabemos cómo manejar. Deseamos escapar de lo que nos lastima y creemos que si permitimos que se repita aquel evento doloroso que marcó nuestra vida, ineludiblemente regresará y nos destruirá.

Así lo hacía Verónica, quien juraba que su marido no quería estar con ella por gorda; estaba convencida de que él no se le acercaba ni quería tener relaciones porque de seguro le daban asco sus lonjas. Después de un gran trabajo de reflexión que le exigió mucha responsabilidad y honestidad, se dio cuenta de que, en realidad, como él estaba enfermo del corazón y ella temía tanto que muriera, prefirió de manera "inconsciente" distanciarse por lo mucho que le trastornaba el padecimiento de su esposo. Era mejor y menos doloroso "escapar" de esa realidad y enfocar su atención en el peso, que en la probabilidad de un desenlace fatal a causa de la endeble salud de su pareja. Era ella, no él, quien se alejaba y negaba el contacto.

¿Por qué no quiero sentir?

Nadie nos dijo que se valía sentir. Cuántas veces hemos escuchado: "No estés triste", "No llores", "No te enojes", "¿Por qué te asombras?", "No seas tan sensible", "Aquí no se llora", "Si dejas ver lo que sientes siempre se aprovecharán de ti", "Si eres vulnerable te van a lastimar", "No tienes por qué sentirte así"… He aquí algunas razones por las que no nos permitimos manifestar lo que sentimos:

- Cuando hemos pasado por un dolor muy grande, hacemos todo lo posible para no volver a sentirlo. Pensamos que ese pesar podría destruirnos. Y sí, tal vez así fue entonces, pero siendo objetivos, aunque hayamos sentido que nos rompíamos por dentro, seguimos respirando, nuestro corazón siguió latiendo y nuestra sangre corriendo por las venas; no se nos despegaron las extremidades, ni salieron volando nuestros ojos. Además, lo aseguro: ¡nunca sufrirás la misma aflicción tal como la experimentaste antes! Porque ni estás en esa misma circunstancia, ni tienes aquella misma edad. En pocas palabras, no hay forma de regresar el tiempo.

- Buscamos justamente "desconectarnos". Así sea un dolor del alma, la realidad es que lo resiente nuestro cuerpo y se manifiesta como una opresión en el pecho, un nudo en la garganta, un ardor en el estómago, etcétera. Entonces, buscamos desesperadamente –como un mecanismo de defensa– alejarnos del receptor de nuestros dolores, que no es otro que nuestro propio cuerpo. De pequeños, no distinguíamos entre un dolor físico y uno emocional. Como instinto de supervivencia nos alejábamos de lo que nos dolía. Por eso no es de extrañar que poco a poco nos hayamos ido negando el contacto con nuestras sensaciones.

- Aprendimos a no validar lo que sentimos. Imagina esta escena: llega la mamá con los ojos hinchados, cabizbaja, y su hijo de siete años le pregunta: "¿Qué tienes, mamá? ¿Estás triste?". Y ella responde: "No, mijito, para nada, todo está bien". ¿Qué entiende ese niño? Que eso que percibió no es real. O en una familia donde los padres están peleados, la hija pequeña no sabe qué pasa, pero presiente que algo muy raro sucede en casa. Lo puede sentir, ver, oler; sin embargo, cuando pregunta, le dicen que no hay ningún problema. En su interior se libra una batalla entre lo que ella siente y percibe y lo que le dicen, entonces concluye que sus apreciaciones no son reales, así es que aprende a invalidarlas. Cuando el papá de mis hijas y yo decidimos divorciarnos, me pidió que esperáramos a que pasaran las fiestas de Navidad, que ya estaban muy cerca, para confiar a las niñas lo que estaba pasando. Sin embargo, ellas sentían, intuían que algo ocurría. Así fue que hablé con ellas y les aclaré: "Sí está pasando algo, eso que perciben es real, me imagino que sienten una opresión en el pecho que no saben qué es, pero que duele". Ambas caritas dibujaron sendas expresiones de alivio cuando las ayudé a describir lo que les ocurría a nivel de sensación física. Estuvimos juntas revisando qué sentían y cómo lo percibían. No es que no les haya dolido, pero aceptarlo y validarlo fue de gran ayuda para ellas. No podemos sanar lo que no podemos sentir. Sería como si tu jefe te pidiera que le ayudaras a corregir unos documentos, pero no te los enseña.

- Por miedo a perder el control y encontrarnos vulnerables ante alguien más, muchos tenemos la creencia de que si nos exponemos, nuestras emociones nos van a sobrepasar y perderemos todo control, así que aprendemos a restringirlas. La realidad es que a medida que las sentimos, podemos manejarlas y, sobre todo, confiar en que sabremos qué hacer con ellas. Por otro lado, hemos *aprendido* que mostrarnos ante los demás nos pone en desventaja. ¿Por qué destaco *aprendido*? Porque si recordamos cuando éramos pequeños, mostrarnos era algo natural, si no lo hacíamos nadie podría saber qué necesitábamos.

Esas cosas rarísimas llamadas sentimientos

Todos hablamos de los sentimientos, sabemos que forman parte de nosotros, pero… ¿qué son en realidad? Son el lenguaje del alma, los medios de que ella se vale para avisarnos qué necesita, qué le gusta; son los avisos y las señales que nos envía para decirnos si vamos por el camino correcto, en congruencia con lo que somos y con nuestra verdadera misión en la vida. Los sentimientos se manifiestan por medio de emociones, que son las respuestas neuronales y químicas que emite nuestro cerebro ante un estímulo, ya sea externo (la sonrisa de la persona que amamos, una noticia inesperada) o interno (un pensamiento, un recuerdo). Las emociones, a su vez, producen sensaciones, que son la respuesta física, la que se siente en el cuerpo (un dolor en el estómago, un escalofrío, palpitaciones, un nudo en la garganta, calor, frío). Cuando podemos nombrar esas sensaciones, entonces se convierten en sentimientos. Este proceso depende de nuestro sistema aprendido, de lo que para nosotros significan esas emociones y sensaciones. Aunque cada cual tiene características propias, hay una interpretación subjetiva de ellos, es decir, las cosquillas en el estómago para una persona pueden significar excitación, mientras que para otra representan miedo.

¿Qué tienen que ver mis sentimientos con mi forma de comer?

Hay una conexión enorme entre nuestros sentimientos y la comida, ya que esta se ha convertido en una especie de "catalizador" ante cada situación que nos negamos a asumir, revisar, aceptar y, por supuesto, a sentir porque no nos creemos capaces de manejarla.

Cada alimento que nos llevamos a la boca está "cargado" de ideas, pensamientos provocadores de sensaciones que, como ya mencioné, hablan de una emoción que se convierte en sentimiento cuando logramos nombrarla. Por ejemplo, las ideas y las sensaciones que llegaban a mí mientras comía un helado de nuez se vinculaban con lo grasoso, lo pecaminoso, lo empalagoso, excesivo, pesado y expansivo. Y descubrí que cada vez que yo me sentía pesada en mi vida, por alguna situación que me sobrepasaba, me daban ganas de comer helado de nuez porque después de hacerlo me sentía, literalmente, expandida, con exceso y muy pesada. Es como si necesitara devorar el helado para darle validez a esa sensación de inmovilidad que me contrariaba y que originalmente venía de la situación que estaba viviendo. Comerlo solo provocaba que me sintiera peor porque no me ayudaba a enfrentar el problema real.

Percibir que somos "habitados" por un sentimiento que no queremos experimentar, ya sea porque no sabemos cómo manejarlo e intuimos que nos va a destruir, o porque nos dijeron que no debíamos sentirlo y usamos a la comida como escape, es como cuando tenemos una conversación tensa y rogamos por que aparezca alguien para que en él se centre la atención y podamos "escapar" de esa situación incómoda.

Al comer, la energía del cuerpo se centra en el aparato digestivo para llevar a cabo los procesos necesarios, es por eso que se siente cierta debilidad. Seguro hemos escuchado la expresión "vamos a reposar la comida". Y así es realmente: si ponemos a funcionar un aparato eléctrico que requiere mucha energía, inmediatamente disminuye la intensidad de las luces que están encendidas. Si la energía pudiera elegir entre "iluminar" el proceso digestivo o "alumbrar" la frustración que tengo porque mi marido me dejó hablando sola, con seguridad escogerá al momento la primera alternativa. Nuestra mente lo sabe y por eso elige comer cuando pretende "no ver". Es decir, le quita luz a lo que está sintiendo.

Obviamente no porque le prive de iluminación quiere decir que ese sentimiento tiende a desaparecer; al contrario, crecerá más porque quiere ser visto, y como cada vez requerirá más luz, la mente buscará más comida para "esconderlo".

A medida que aumenta nuestro "miedo" por reconocer y afrontar nuestros sentimientos, crece también nuestra necesidad de encontrar formas de "taparlos". Es por eso que mientras no les demos salida de una manera natural, consciente y honesta, la ansiedad por comer irá en aumento.

Dejen de etiquetarme

Como una necesidad de darle sentido a lo que nos rodea, hemos recurrido a ponerle etiquetas a todo: bueno, malo, prohibido, aceptable, decente, auténtico, peligroso, confiable, etcétera. Por ejemplo, el hecho –real y objetivo– de que comience a llover, tendrá diferente significado para alguien que vive en el campo y está esperando las precipitaciones después de soportar una gran sequía. Para el campesino es una bendición, pero para mí, que tenía planeada una comida al aire libre, se transforma en un desafortunado inconveniente. *Bendición* e *inconveniente* son etiquetas ante un mismo hecho. La percepción que tenemos de las cosas marca muchas decisiones que tomamos. A mí me colgaron las etiquetas de conflictiva, floja, insegura y gorda: grandes rótulos que marcaron mucho de lo que ha sido mi vida. Y curiosamente yo hacía todo lo posible por realizar cosas que me mantuvieran así etiquetada. El estigma se había convertido en mi marco de referencia: si los demás así me veían, seguramente así era yo.

Hasta hace poco, después de varios años de hacer ejercicio, me di cuenta de que me encanta practicarlo, aun cuando antes tenía comprada la idea de que lo odiaba –en esto también tuvieron injerencia mi mamá y mi maestra de deportes en primaria– y que yo era muy floja. No saben qué alegría me causó cambiar mi actitud frente al ejercicio. Le dio una nueva perspectiva porque dejé de pelearme al notar que ya no estaba actuando contra mí misma al realizar esa actividad física, a la que ya no consideraba un "deber ser", sino un "querer hacer".

En una ocasión, me fui de viaje con una amiga y cuando regresamos me confesó que estaba sorprendida de que yo no descansaba un segundo: lavaba los trastes, hacía el desayuno, levantaba las camas, checaba los horarios de nuestras actividades cotidianas, atendía a los niños, platicaba con ellos, planeaba lo que podíamos hacer... Comprobó, entonces, que yo era muy activa, pues la impresión que tenía de mí constituía la que yo les había vendido a todos: ¡que era muy perezosa! Cuando me lo dijo, cambié una vez más mi perspectiva y ahora ya no me vendo así porque no soy de esa manera. He comenzado a arrancarme esa etiqueta.

Por más tiempo que llevemos con una etiqueta pegada, basta solo un instante para darnos cuenta de que podemos simplemente arrancarla, pues no era más que eso: una etiqueta que solo se mantenía adherida, pero que no es elemento indispensable de nuestra forma de ser. A lo mejor tenía tanto pegamento que juramos que es parte de nuestra piel y que puede doler cuando la quitemos. Imagina que a un refugio llega un mendigo que lleva un año sin bañarse. Lo convencen de que debe asearse, pero él tiene pavor porque considera que esa mugre es parte de su cuerpo. Comienzan a ducharlo y deben tallar fuerte para despojarlo de todo ese cochambre. El indigente pega de gritos porque, claro, le duele que le arranquen esas costras, que llevan mucho tiempo adheridas a él; pero al final, cuando los voluntarios terminan, el hombre se percata de que él no era esa mugre.

Yo percibí a mi papá como un hombre débil hasta que, platicando con él hace poco y viendo la "evidencia" y la realidad de nuestras respectivas historias, comprobé que es la persona más fuerte que he conocido. No tienen idea de lo que significó para mí descubrir que esa imagen que había marcado mi relación con él —con los hombres en general—, con mi cuerpo y con mi propia vida, era solo eso: ¡una etiqueta! No pude parar de llorar en varios días por la sorpresa, pero principalmente por darme cuenta de todo lo que tuvo que hacer él para pelear contra esa etiqueta; y por lo que hice yo creyendo que era real. A partir de ese momento, quedé con muchos sentimientos a flor de piel, igual que el mendigo cuando le quitaron la mugre. Estuve y sigo estando muy sensible, muy abierta y con todo un hermoso panorama por delante, que estoy aprendiendo a tomar desde mi nueva perspectiva.

Quitar etiquetas no es un trabajo sencillo porque es innegable que, al día de hoy, le han dado referencia a nuestra vida; sin embargo, liberarnos de ellas nos ofrece la gran oportunidad de explorar nuevas rutas, otras relaciones, alcances insospechados. Arrancarnos las clasificaciones significa ver las cosas como son, sin interpretaciones, sin juicios, sin calificativos; es aceptar el ser y el estar: "Soy una mujer de veinticinco años, estoy cansada, tengo hambre, soy hija de mi padre", "Eres un hombre"... A medida que evitemos cambiar las cosas, podemos emplear esa energía en generar un ambiente óptimo para lo que es y lo que está. Yo creía firmemente que si no estaba en el peso adecuado, no tenía derecho de arreglarme, ni de usar ropa moderna y bonita porque eso le pertenecía a las flacas, hasta que una excelente amiga mía —que de tener un cuerpazo, de pronto se encontró con un sobrepeso impresionante— me hizo ver que no importaba el tamaño de su cuerpo, ella seguía siendo la misma persona simpática, ocurrente, inteligente, cálida y con un gusto enorme por estar siempre bien arreglada. Un día me dijo: "Amanezco cada día y me encuentro con este cuerpo. Entonces decido si me pongo a llorar y me meto a mi cama o lo arreglo, lo acepto y continúo con mi vida".

Cuando una mujer completa la oración: "Tengo veinticinco años, con... Y debería ya estar pensando en casarme", la segunda reflexión es ya la etiqueta que condiciona el ser y el estar de esa persona. Su energía, en vez de concentrarla en ser una mujer de veinticinco años, plena, con la vida a sus pies, la consumirá en sus intentos de cambiar su realidad, no solo porque ella lo quiere, sino porque alguien más lo decidió. Si le preguntáramos a esta mujer quién le dijo que tendría que pensar en casarse, seguramente diría: "Pues, es que *Dicen*". Y yo de verdad quisiera conocer a ese famoso *Dicen*. Debe ser un personaje muy persuasivo porque todos confían en lo que expresa. Cuántas veces hemos escuchado comentar: "*Dicen* que hay que comer apio rebanado todos los días", "*Dicen* que hay que casarse antes de los veinticinco años", "*Dicen* que una mujer decente no se ríe a carcajadas", "*Dicen* que después de los treinta años no se debe traer el pelo largo".

Reflexiona esto: pasamos gran parte de nuestra vida obedeciendo reglas, etiquetas y creencias que muchas veces no sabemos ni quién las impuso ni el contexto donde se originaron.

Cuando hablábamos de las costumbres, Valeria nos platica divertida en una sesión de apoyo al Taller "Comiéndome mis Emociones" que era una tradición cocinar la cena de Navidad en dos refractarios. En uno colocaban tres cuartos de pavo y en el otro la carne restante. Así se hizo por muchas generaciones, hasta que Arturo, el marido de Valeria, comenzó a preguntar por qué se guisaba de esa manera. Se encontró respuestas como: "Porque queda mejor cocido", "Así se dora mejor", "Porque no pierde el sabor", etcétera. Pero un tío bisabuelo, riéndose, le contó: "Se hace en dos refractarios porque en la época en la que mi abuela lo cocinaba los recipientes eran pequeños y no cabía todo junto". Nada tenía que ver con el significado que trataban de darle, sin embargo, ni lo cuestionaban, lo disponían así, porque así debía elaborarse.

>En este trabajo de quitar etiquetas anímate a realizar el siguiente ejercicio:
>Hoy, durante todo el día, describe lo que observas a tu alrededor: "Esa mujer es mi jefa", "La entrada a mi oficina es pequeña", "Mi compañera tiene los ojos cafés", "Tengo una hora para comer", "Me siento avergonzada por llegar tarde", "La gente camina rápido"... Pura descripción, sin interpretaciones. Advierte qué tan fácil te resulta. Si te sorprendes emitiendo juicios, no te castigues, solo date cuenta y continúa: "Me caché interpretando hechos"... Practica este ejercicio toda una semana. Al terminar, repasa cómo te sentiste al hacerlo: ¿incompleta? ¿Liberado?... Ahora prueba hacerlo con los alimentos. Comienza a "desetiquetarlos". Descríbelos: "Una manzana roja", "Un pastel de nuez", "Una carne bien cocida", "Unas papas fritas", "Arroz y frijoles", "Las galletas de chocolate", "Aquella fresca espinaca"... Practícalo también por siete días y revisa. ¿Te costó trabajo describir? ¿Cambió tu sensación al pormenorizar? ¿Se modificó tu manera de comer?

Cuando logramos borrar las etiquetas como "pastel de queso engordador, pecaminoso, grasoso, tentador"... "limpiamos" a ese alimento, lo vemos como lo que es y dejamos de enviarle mensajes equivocados a nuestro cuerpo y, sobre todo, a nuestra mente. Es diferente el trato que se le da en una escuela a un niño "etiquetado". La profesora se comportará mucho más alerta y, tal vez, hasta injusta con ese alumno que le fue presentado como problemático, mal portado, distraído, grosero… Lo mismo pasa con nuestra mente "maestra": siempre se va a predisponer cuando yo le advierta la "maldad" de un pastel.

Liberar a los alimentos de las etiquetas nos permite volver a vincularnos con esa sabiduría del organismo, que reconoce perfectamente qué necesita comer a cada momento. Lo ha entendido siempre, pero se ha confundido con tantas explicaciones. Si nada fuera prohibido ya no habría ansiedad por comer cierto tipo de alimentos. Imagina cómo sería tener el helado disponible y libre para ti todo el tiempo. Perdería su "magia" y ya no resultaría una amenaza.

Unos amigos de mis papás tenían casa con alberca. Recuerdo cómo me sorprendía que sus hijos rara vez la usaban porque sabían que ahí estaba inmóvil, fiel, dispuesta para cuando quisieran introducirse en ella. En una ocasión decidieron remodelar todo el inmueble, incluida la piscina, y entonces sí contaban los días para volver a disfrutar un buen chapuzón.

Hoy en mi vida no tengo alimentos prohibidos, como de todo, especialmente vegetales. ¡Me fascinan! Pero hace poco me sometí a un tratamiento para depurar el colon. Los especialistas me pidieron no consumir brócoli y coliflor. Pregúntenme: ¿en qué pensaba todo el día?… ¡Obvio!

Tenemos creencias muy arraigadas sobre la nutrición, pero más que examinar el alimento como tal, revisemos primero esas creencias y –todo a su tiempo– permitámosle a la comida integrarse a nuestra vida. Hoy yo decido por mí misma qué comer y qué no, pero no influenciada por lo que dicen, sino por lo que yo siento, lo que me cae bien… En una conferencia, un hombre me preguntó: "¿Se vale de vez en cuando comer tres kilos de carnitas de cerdo?" Y le respondí: "No para mí, porque de entrada no me gustan las carnitas, y con esa cantidad, seguramente me sentiría fatal. Pero si me aseguras que comiéndotelas te sientes muy bien en todos sentidos: física, psicológica y emocionalmente, pues disfrútalas". No se trata de determinar si se vale o no, sino de reflexionar sobre lo que nos provoca el consumo de un alimento. Delegar en otros nuestras propias decisiones nos libera de la responsabilidad de asumir consecuencias.

Asumir el poder de decidir qué comer, causa mucho miedo porque ya no habrá dieta, doctor, nutriólogo, amiga, libro ni revista a quién culpar; sin embargo, la recompensa de darle validez a nuestras necesidades es enorme.

> En Estados Unidos, las ventas generadas por productos para la pérdida de peso y la industria de control de la dieta fueron de aproximadamente sesenta mil millones de dólares durante 2009.

❖ ❖ ❖

Como como vivo

En realidad, no importa que no esperemos nada de la vida, sino que la vida espera algo de nosotros.

Viktor Frankl

Mi plato, mi mundo

Revisar nuestro plato de comida nos dice muchísimo de quiénes somos, en qué creemos, qué necesitamos, de qué huimos, a qué le tememos, qué nos gusta y, en general, cómo vivimos. Por ejemplo, a mí me daba terror quedarme con hambre y que no me alcanzara la comida. Cuando puse atención a esto, pude darme cuenta de que también son actitudes que asumo frente a la vida: continuamente sentía que las cosas buenas se terminaban y me quedaba siempre con ganas de más; rara vez permanecía satisfecha porque toda mi atención se centraba en que se me acabaría lo bueno, sin siquiera disfrutarlo. Cada época de mi vida la recuerdo por mi manera de comer, sin entender que era el gran reflejo de mi estilo de vida.

En los primeros años de la escuela fui niña de puros dieces; no daba lata y me felicitaban constantemente. Creo que ahí mi forma de comer era mucho más ordenada, contenida, prudente; no había excesos, ni problemas para decidir qué quería comer. Conforme pasaba el tiempo y se sumaban a mi historia sucesos dolorosos, como el gran abandono que sentí cuando mis papás comenzaron a tener pareja, mi manera de comer empezó a cambiar; comía lastimosamente cosas muy irritantes que me hacían mucho daño, tanto como el que me provocaban mis progenitores. Mi adolescencia fue sumamente descontrolada, llena de miedo. Por un lado, acompañada de muchas amigas, pero por otro sumamente solitaria, requiriendo desesperadamente una guía firme que me dijera qué hacer con tantas cosas que me pasaban; mi comida era cada vez más descontrolada, sin embargo, al mismo tiempo me invadía la necesidad de controlarme. Las dietas me acompañaron por muchos años. Hoy veo que eran de las pocas cosas que, pasara lo que pasara, seguían ahí. Eran lo que me permitía medir si era "buena" o "mala".

Los límites resultaban ser muy imprecisos, así como incierta era mi capacidad de decir: "Ya no quiero más comida". Sentía que no podía parar de comer; tampoco de llorar, de desear lo que no era, de autodestruirme. Mis fantasías eran lo máximo. Soñaba todo el día con que algún príncipe viniera a rescatarme y me sacara de tanta confusión y tanto caos. Por supuesto que también fantaseaba con platillos tentadores que me hacían olvidar todo lo demás. Recuerdo cómo esperaba que mi abuela saliera y que las muchachas acabaran de lavar la vajilla. El indicador de que la cocina estaba "libre" era el zumbido que hacía el refrigerador porque si lograba escucharlo significaba que ahí no había nadie. Entraba, y con una actitud maliciosa, me preparaba plátanos con cajeta, helado de vainilla y galletas. Me subía rápido a esconderme y los devoraba. Me hacía sentir tan mal robarme esa comida y ocultarme, que me quedaba muerta de miedo. Cuando llegaba mi abuela, temblaba porque tenía la impresión de que me descubriría; me reprocharía lo mala que yo era y me acusaría con todos. Esa era mi peor fantasía. Me imaginaba brutalmente castigada, sufriendo espantosamente. Me contemplaba ya muerta, pagando mi culpa. Y es que en ese momento eso quería: quedarme dormida para siempre.

Cuando entré a la universidad la pasaba "muerta de hambre". Pocas veces tenía dinero para comprarme algo en la cafetería: no podía pensar en otra cosa que en un exquisito mollete. Estar hambrienta en esa época era una sensación muy común en mi cotidianidad. Me había peleado con mi mamá y pasé un año sin verla. Libré una batalla espantosa con ella porque literalmente me declaró la guerra.

Necesitaba a mi madre más que nunca; estaba hambrienta de ella, de sus consejos, de su complicidad, de su aceptación. Mi forma de comer en ese entonces era igual de descuidada que mi apariencia. La falta de atenciones de mi mamá se reflejaba en la dejadez sobre la que yo me abandonaba. Mis calificaciones eran terribles, no entraba a clases; tomaba café y fumaba todo el día; no tomaba apuntes, no estudiaba. Lo que pudiera comer estaba bien, aceptaba lo que me dieran: galletas, papas, dulces… cualquier cosa que me quitara el hambre.

Entrar a trabajar cambió mi historia, comencé a sentirme aceptada, respetada, admirada e indispensable. Me hice responsable, mucho más dueña de la situación, y empecé a arreglarme y a lucir muy bonita. Mi forma de comer, obviamente, cambió. No comía en mi casa, pues ahora tenía la oportunidad y los medios para elegir lo que a mí me apeteciera, sin presiones, sin seguir los gustos de nadie más, solo los míos. Las cantidades de comida eran mucho menores que las que consumía antes porque ahora ya no necesitaba "almacenar", pues tenía a mi alcance lo que quisiera comer, todo el tiempo. Cada vez perdía más peso, mi ritmo de trabajo era muy acelerado, pero me hacía sentir vital y en movimiento. Inicié un camino espiritual que hoy me sigue nutriendo. Sin embargo, llegó el momento de salir a cuadro en televisión y mis botones se volvieron a botar. Yo trabajaba detrás de cámaras, aunque mi sueño dorado era estar frente a ellas. Un día, Pati Chapoy, que era mi jefa, me llamó para pedirme que me integrara al elenco de *Ventaneando*. Recuerdo que el pánico me invadió. Exponerme tanto me hizo volver a sentirme una niña pequeña muerta de miedo. Tiempo después un terapeuta me explicó que seguramente en algún momento de mi vida fui demasiado "vista" y eso me asustó, por eso mi enorme ansiedad al sentirme observada nada más y nada menos que en televisión nacional. Reaparecieron además otros fantasmas, como el miedo a no ser aceptada y la desesperación por ser perfecta. ¿Mi forma de comer? Ávida y desesperada. Fue en esa época cuando las pastillas para adelgazar formaban parte de mi alimento diario. Subía y bajaba de peso por días, en variaciones vertiginosas. No pude con la presión y dejé el puesto, por supuesto sintiéndome fracasada.

Nacieron mis hijas. Yo seguía trabajando y, ciertamente, tomando pastillas. Creía que había alcanzado la felicidad máxima: estar delgada, con dos hijas, felizmente casada y económicamente solvente. Diario le pedía a Diosito que observara muy bien esa escena porque esa era la verdadera yo… ¡Creo que Él tenía otros planes!

Al descontrolarse nuevamente mi vida, ya sin trabajo, cuidando a mis hijas, con problemas en el matrimonio y en mi cartera, la confusión ahora sí hizo de las suyas. Todo confabuló para repercutir en mi forma de comer. Intentaba seguir con las pastillas, pero ya no me hacían efecto; por el contrario, empecé a rebotar. Todos los días me prometía hacer una dieta diferente, pero siempre la rompía. Volví a los grandes atracones, a comer a escondidas, a morirme de hambre, a sentirme fuera de control, cansada, irritada, comiendo todo el día. Cambiaba de método alimenticio cada dos días y mis hijas estaban totalmente contrariadas. Un día llenaba la alacena de dulces y al otro, pegando de gritos, la vaciaba; les daba de comer cosas que no engordaran, pero luego les compraba helados. Así transcurría mi vida, entre atracones de deudas y carencia de paz.

Conforme he comenzado a sanar, a reconciliarme, a poner límites benéficos, a tomar decisiones valientes y asumir riesgos; a validarme, probar cosas nuevas, conocerme; a trabajar en lo que en realidad me gusta, a creer en mí, a estar satisfecha con lo que soy y con lo que hago, aceptarme y amarme... todo, ahora, se refleja en mi plato: nuevos sabores, alimentos sanos, decisiones inteligentes sobre lo que en realidad quiero comer. Me quedo satisfecha cada vez con más facilidad y, en general, la calidad de los alimentos que me gustan ha cambiado mucho; ahora son más ligeros, balanceados y nutritivos, porque he comenzado a nutrirme de otra forma, en todos sentidos.

¿Por qué no analizas ahora tu modo de comer y confirmas si se parece a la forma en que actúas en otros aspectos de tu vida. Por ejemplo:
Si comes siempre rápido, ¿vives siempre corriendo?

Si comes siempre lo mismo, ¿eres muy rutinario?
Si te privas de lo que te gusta comer, ¿de que más te privas?
Si eres muy quisquilloso con lo que comes, ¿criticas mucho?
Si cuando estás solo comes diferente de cuando te acompañan, ¿te da miedo mostrarte como eres?
Si comes lo que te den, aunque no te guste, ¿eres conformista?
Si comes mucho irritante, ¿sueles ser muy irritable?
Si te fijas mucho en lo que come el de junto, ¿prefieres poner tu atención en los demás en lugar de en ti mismo?
Si te quieres devorar el plato, ¿te quieres tragar al mundo?
Si te atragantas con la comida, ¿te saturas de muchas actividades?
Si comes con desesperación, ¿sientes que te quitarán algo?
Si te comes las sobras, ¿crees que no mereces algo más?
Si andas picando todo el día, ¿te cuesta trabajo centrarte en una sola cosa?
Si comes hasta quedar abotagado, ¿te sientes incapaz de moverte?
Si comes a escondidas, ¿sientes que hay algo que no puedes mostrar porque está mal en ti?
Si cocinas para los demás antes que para ti, ¿te pones constantemente en segundo término?

Estos son solo algunos ejemplos. Considéralos y revisa qué pasa contigo y los alimentos. Vuélvete un observador de tu forma de comer. Créeme, te va a llevar a descubrimientos sorprendentes.

Ahora, prepárate para que elabores una lista de los alimentos que consideras prohibidos y los relaciones con lo que representan para ti: Por ejemplo:

Sundae de caramelo: Pecado, aventura, exceso.

Papa al horno con crema y tocino: Castigador, aromático, viajes.
Quesadillas fritas: Agresividad, prohibición, irritabilidad.
Panquecitos de chocolate rellenos de crema: Prohibición.
Ate relleno de nuez y cajeta: Grosería.
Churros rellenos: Infamia.
Papas a la francesa: Ahogo, sofocación.
Flan de cajeta: melosidad.
Pasitas con chocolate: obsesión, descontrol.
Torta de chorizo con huevo: imperdonable.
Café con leche: Apapacho.
Galletas de mantequilla: No me puedo dar el lujo.
Tacos de pollo dorados, con crema y queso: Exceso.

Intenta recordar la última vez que comiste alguno de los alimentos de la lista y revisa si la idea que tienes de ellos coincide con el sentimiento o la sensación que experimentaste en ese momento.

Cuando Dulce hizo este ejercicio durante una sesión del taller que imparto, se dio cuenta, sorprendida, de que para ella el pastel significaba la necesidad de ser respetada porque en su infancia, durante una reunión familiar, una tía suya le ofreció pastel y sus padres inmediatamente saltaron de sus sillas y advirtieron: "No, Dulce no puede comer pastel". Ella permaneció muy lastimada, avergonzada, pero sobre todo sintió que no la respetaban. Al final de la cena, su tía le entregó una tarta completa para ella sola. Ese gesto la hizo sentir tan honrada que en la actualidad, ante cualquier situación en que se percibe no valorada o desacreditada, corre a comer algún panqué.

Haciendo la misma dinámica, Pupy nos da otro ejemplo de esto al definir a las gorditas de masa como apapachadoras porque le recuerdan la dulzura de su abuela.

Después de describir todo lo que está relacionado con nuestros alimentos favoritos, "acordemos" con cada uno de ellos, hagamos una "negociación". A mí, por ejemplo, me gustan mucho los chocolates; mi trato con ellos es que solo comeré aquellos que sean realmente deliciosos, es decir, no saborearé ninguno que no me deje absolutamente satisfecha.

Mi convenio con las pasitas con chocolate –que me fascinan– es un poco diferente; acordé con ellas que mientras esté en el proceso de hacerme cargo de mí misma las voy a dejar por un tiempo.

Cuando por convicción dejé de comer harinas blancas, de fumar y de tomar tequila, descubrí qué representaban para mí; eran los colores, la diversión, la aventura, la sorpresa… Busqué aquello que me ofreciera esas mismas sensaciones y decidí que los viajes podían ser una buena opción. A los tres días, sin saber de mi negociación, una gran amiga me invitó a Rusia. Una semana después estaba en Hermosillo; luego viajé a Mérida, Monterrey, Tuxtla Gutiérrez y Guadalajara. ¡Así funciona el universo cuando tomamos decisiones!

Les comparto lo que Roxana, quien ha iniciado el proceso de reconciliación con la comida, escribió acerca de su "negociación": "Sé que el queso nunca dejará de existir, que el chocolate vivirá más tiempo que yo, así que en el momento que lo desee puedo tenerlos. Pero hoy me van a esperar… ¡Me siento tan poderosa!".

Yo me he sorprendido castigándome con un *sundae* de caramelo, al que consideré por mucho tiempo como pecaminoso. Y cuando me lo comía, así me sentía yo: pecadora. También me he consentido acompañada de un café con leche cuando estoy *chípil*, necesitada de apapacho. Tal vez, cuando nos hemos sentido rebasados por alguna situación en nuestra vida, nos encontremos comiendo algo que consideramos excesivo.

Los alimentos en sí no tienen ninguna de las cualidades que se mencionaron en el ejercicio anterior, más bien somos nosotros los que reaccionamos ante ellos de las más diversas maneras. Si ponemos atención en esto, podremos descubrir de qué nos han servido los alimentos y honrarlos amorosamente, agradeciéndoles; dándonos cuenta, definitivamente, de que ya no necesitamos comer algo empalagoso cada vez que experimentemos hartazgo en nuestra vida; que podemos ignorar a una torta de chorizo cuando sintamos que hemos hecho algo imperdonable.

Yo catalogaba como engordadores a muchos alimentos y, cuando aún persistía en mí la inconsciente idea de que estar gorda era seguro, ellos se erguían como mis grandes aliados para lograrlo, por eso no podía parar de comerlos. Pero después de mucho trabajo de introspección, caídas, levantadas, repasos y ganas de estar bien, ya puedo gritarles: "¡Gracias, hoy ya no los necesito!". Pero no porque estén prohibidos, sino porque por fin entendí –no solo de manera superficial, sino muy profundamente– que para mí ya no son útiles. Es seguro ser delgada.

¿A quién me quiero comer?

Cada vez que comía algo delicioso, me lo quería devorar; deseaba que no se acabara nunca, anhelaba para mí cada gramo de su sabor. Poderlo describir y ponerle atención provocó resonancia, ya que eso mismo sentía y necesitaba de mi papá: su compañía y el sabor de su presencia.

Por medio de la comida queremos revivir momentos, sensaciones, pasiones…, como le pasaba a Alicia, de 56 años, agobiada confesaba: "Me es imposible dejar de comer chocolates, tengo una gran adicción a ellos y no pasa un solo día sin que deje de comerlos". Porque no era uno, era una bolsa repleta de esas deliciosas golosinas. En una plática con ella, nos compartió que esas ganas de comer chocolate se presentaban siempre como a las ocho de la noche. Descubrió que a esa hora ya habían terminado todas sus actividades, que el nieto que la visitaba todos los días ya se había ido y que todo quedaba en silencio. La soledad la llevaba a pensar en su padre, quien había muerto unos años antes. Pero en lugar de aceptar el dolor que le causaba la ausencia de su padre y afrontar que se sentía sola, mejor comía chocolates que, por cierto, era algo que disfrutaban hacer juntos. Sin advertirlo conscientemente, en lugar de un chocolate, lo que ella se metía a la boca era el recuerdo de su progenitor, la sensación de su compañía. Sentir su paladar cubierto de ese sabor le permitía confiar en que todo estaba bien. Obviamente, quería más y más y más. Cuando terminaba de comerlos –porque ya le dolía el estómago o porque se acababan–, se quedaba más vacía aún porque la fantasía se rompía; además, se llenaba de culpa y de enojo, que una vez más la alejaban de las verdaderas emociones que sentía: la tristeza y la soledad. A partir de que se dio cuenta, pudo decidir qué hacer para lidiar con aquellos sentimientos: llamar a alguno de sus hijos, leer un libro, inscribirse en un grupo de apoyo, escribir, hablar de sus emociones con alguien, tomar terapia, meditar…

Recordemos alguna ocasión en la que comíamos muy enojados; de seguro masticábamos más fuerte y nos apresurábamos a devorar el alimento, con nuestra mirada baja, la respiración agitada y el puño apretando con furia el cubierto… En esos momentos la comida no es más que la inocente víctima de tu furia porque a quien quieres masticar y triturar no es precisamente al bocado, sino a esa persona que te hizo enojar tanto.

También ocurre que cuando nos invaden los problemas –propios o ajenos–, decidimos "tragarlos"; nos sentimos apretados, ahogados, asfixiados. Hay mucha gente que está condicionada a quedarse callada por inseguridad, pena, educación, ignorancia etcétera, aun cuando no esté de acuerdo con alguna situación, reciba algún castigo que no le corresponde o le carguen de más el trabajo. Todo lo que se calla, se lo traga literalmente. Y eso se nota en el peso.

¿Qué no me permito comer?

No solo nos negamos a comer ciertos alimentos porque no nos gustan o porque nos caen mal. Por lo general, los rechazamos por la idea que tenemos acerca de ellos. Abstenernos constantemente de aquellos que nos gustan, nos habla de que en la vida es muy probable que también nos estemos privando de algo más. "Algo" que en realidad sí queremos tener, hacer o decir, pero no nos permitimos. ¿Con qué tanto rigor hemos llevado nuestro régimen alimenticio como para también incluir en nuestra dieta a los sentimientos? La vida es un gran bufé, está ahí para nosotros, con millones de opciones, de vivencias, colores, olores, formas, oportunidades, misterios, lecciones, aprendizajes, expresiones… Sin embargo, ante tanta variedad, es sorprendente que nos dejamos seducir, nos obsesionamos por una sola opción: ¡adelgazar! Y así como adquirir una figura óptima requiere privarnos del disfrute de muchos alimentos, la atención que le dedicamos nos limita la posibilidad de concentrarnos en otras delicias. La privación es evidente en cuanto a la comida, pero ¿qué tan claro nos resulta darnos cuenta de todo lo que no nos hemos permitido decir, hacer, pensar?

> *Es el momento de registrar en tu libretita aquellas cosas que recuerdes que te has negado a realizar porque no tienes dinero, no se deben hacer, no te atreves, no son para ti, no las mereces, son peligrosas, son "malas"… Date cuenta de qué sientes al leer lo que acabas de escribir. Vuelve a tu lista y observa si lo que anotaste verdaderamente quieres ponerlo en acción. Si es así, checa qué te detiene. Tal vez crees que en realidad no debes hacerlo porque sientes que lastimarías o defraudarías a alguien.*

Por mucho tiempo no me permití "comerme" el amor que me ofrecían mis papás porque, como no me lo dieron como lo deseaba, entonces, sin darme cuenta, me privaba de la bendición de tenerlos cerca, sanos y vivos.

¡Me da miedo tener hambre!

A mí no me asustaba someterme a una dieta de mil calorías. Lo que me daba PAVOR era que, ante el rigor del tratamiento, no supiera qué hacer cuando me diera hambre. Entonces, las mejores horas del día las pasaba cuando dormía; solo así me olvidaba de la ansiedad de comer. Aprendimos a temerle a nuestro apetito porque pareciera que es el culpable de que no podamos bajar de peso. El hambre es la señal que nos manda el cuerpo para alertarnos de que requiere alimento, pero también es el aviso que nos envía el alma cuando necesita atención.

Un día leí todas las artimañas con las que pretendían negar su hambre varias actrices de Hollywood: tejer, mascar chicle, tomar bebidas dietéticas o café, e incluso había quienes se lastimaban físicamente. Basta entrar a páginas como Pro-Ana (comunidad de personas con anorexia) donde se leen frases como: "El hambre es mala", "No comas", "La comida mata". Sentí una gran tristeza al pensar cómo es que algo que se nos dio a todos los seres para mantenernos con vida y saludables, hay quienes lo hemos convertido en una forma de destruirnos, de matarnos.

En esta época en que la esbeltez se ha vuelto una prioridad, no es de extrañar que sentir hambre sea aterrador. Creemos que si nos dejamos sentirla, nos hará perder el control porque aprendimos a catalogarla como destructiva y peligrosa. Hemos escuchado frases como: "Si me dejo sentir hambre, podría comer durante siete días, sin parar", o "Yo todo el día tengo hambre".

Claro que podemos experimentar esa necesidad todo el día, pero es porque no hemos percibido la diferencia entre el hambre física y el hambre emocional. Ambas nos provocan miedo. Cuando las hemos sentido, nos ha dolido mucho; quizá porque no fueron saciadas satisfactoriamente cuando lo requirieron.

Recuerdo que, cuando mis hijas aún eran bebés, mi mamá me dijo: "No se te ocurra darles de comer si no se han cumplido las cuatro horas desde que se alimentaron por última vez". Me obsesioné tanto con esa advertencia, que si mis pequeñitas se despertaban a las tres horas y media después de la papilla e inconsolables lloraban y lloraban, yo no les daba de comer hasta que se cumpliera el tiempo "recomendado" y, si fuera posible, aún más. Compré esa idea y ni modo, así la puse en práctica. Pero me pregunto, ¿cuántas veces a nosotros no nos pasó igual? Teníamos una verdadera hambre física y nos encontrábamos con respuestas como: "No es hora de comer" o "No puedes tener hambre ahorita". O si deseábamos satisfacer nuestra hambre de apapacho, nos contestaban: "Ay, no seas cursi" o "Ahorita estoy ocupada".

Tener hambre es natural, pero lo que nos daña mucho es vivir hambrientos, con esa constante sensación de que algo nos falta. Cuando confundimos el hambre física –que nos avisa que necesitamos algo– con esta sensación de desesperación, desolación y desamparo, es lógico que no queramos hacernos conscientes de ella.

¿De qué tengo hambre?

Hambre física

El hambre física viene del organismo y es la necesidad que tiene el cuerpo de "cargar combustible" para llevar a cabo sus procesos. Se siente en el estómago; no en el pecho, el abdomen o en la boca. Para comenzar a reconocerla es importante que nos habituemos a sentir nuestro estómago.

> *Cierra los ojos un momento y coloca tus manos en el estómago, que está un poco arriba del ombligo. Centra toda tu atención en sentirlo, percibe si hay algún movimiento o alguna sensación. Practica durante siete días este pequeño ejercicio.*

El hambre física se siente "normalmente" cada tres o cuatro horas, obviamente dependiendo de lo que hayas consumido en la última comida. Esta sensación es gradual, no aparece de repente; comienza a dar señales poco a poco, como movimientos ligeros, crujir de tripas, sensación de vacío, pequeños "jaloncitos", incomodidad. Si no las advertimos, esas señales se manifestarán más fuertes cada vez: sentiremos mareo, dolor de cabeza, debilidad e incluso desmayo. Y si eventualmente nos dejamos llevar hasta estos estados, ya no podremos contenernos y comeremos de más. Lo ideal es comenzar a comer cuando los primeros indicios se presenten; de esa forma, la necesidad del cuerpo no será de urgencia y nos dará mucho más margen de maniobra para nutrirnos tranquila y conscientemente.

El hambre física no depende de estados de ánimo. Imagínate al hígado, cuando necesita alimento, decir complaciente: "Por el momento no, porque Adriana está triste; mejor interrumpo mis funciones y me espero a que se tranquilice". O por el contrario, de repente recibir cantidades brutales de comida cuando está procesando apenas la ración anterior solo porque estamos en una crisis y decidimos comer y comer.

La forma de saciar el hambre física no es otra que comiendo. Cuando un bebé tiene hambre, así le bailemos, le cantemos, lo acurruquemos o le demos mil juguetes, no dejará de llorar hasta que le demos de comer. Lo mismo pasa hoy con nosotros, cuando tenemos hambre física, por más que la distraigamos no dejará de enviarnos señales.

> *Comprueba, en este momento, si tienes hambre física: siente tu estómago y nota si hay alguna sensación de hambre. Si no es así, espera y mantente pendiente hasta que logres percibirla. Es importante que si tienes algún padecimiento, como gastritis, te atiendas. Sus síntomas pueden confundirse con este tipo de hambre.*

El hambre física normalmente es clara. Cuando llega, sabemos qué es lo que necesitamos comer. Se sacia, por lo general, con alimentos nutritivos, aunque eventualmente se deje engañar por un helado. Una vez que comemos, ella desaparece, siempre y cuando consumamos lo que en verdad genere beneficios a nuestro organismo, ya que si le damos alimentos "vacíos" nos sentiremos llenos, pero no nutridos. Entonces nuestro cuerpo seguirá pidiendo más.

Hambre emocional

El hambre emocional atiende a un llamado específico de alguna parte de nuestra vida que requiere ser revisada: desde la necesidad de descanso hasta el grito desesperado de poner límites en una relación, o la necesidad de sanar una herida de abuso.

Aparece súbitamente; es anárquica y no siempre clara. Trae confusiones que nos arrastran a lo dulce y lo salado; a lo frío, lo caliente y lo picante; al panecito y la galletita; a la alacena y el refrigerador…

El hambre emocional se manifiesta en el pecho o en la boca. Continuamente provoca una sensación de insatisfacción. Por más que comamos, no se detiene porque no es comida lo que está pidiendo; y si no la saciamos con lo que realmente necesita, la sentiremos todavía más.

Si aquel bebé que lloraba por su papilla (hambre física) ahora tiene frío, por más mamilas que le demos no detendrá sus quejidos hasta que lo cobijemos. Igualmente nos pasa como adultos: mientras no se cubra nuestra necesidad real, nuestro "llanto" no cesará.

El hambre emocional es el llamado de nuestra alma para decirnos que necesitamos poner atención en algo que no estamos queriendo ver.

Un día sentí unas ganas incontrolables de saborear unas pasitas con chocolate. Revisé mi estómago y comprobé que no tenía hambre física. Hice acopio de mi fuerza de voluntad y en lugar de lanzarme sobre ellas me quedé en la incómoda sensación de ansiedad porque quería saber con qué podría calmar mi hambre emocional. Entonces, vino a mí la primera pista; se trataba de algo relacionado con un hombre. Me quedé ahí, sintiendo y no dejándome escapar. Y llegó la siguiente pista: mi papá. En ese momento le marqué y le dije que quería hablar con él. La ansiedad bajó. Lo vi al otro día y por primera vez en mucho tiempo pude hablar serenamente y decirle lo abandonada que me había sentido por él. Primero, cuando se fue de la casa; luego, cuando se casó; después, cuando nacieron sus dos hijos; cuando se iba los fines de semana sin avisarnos. En suma, le reproché todos los momentos en los que me había sentido desamparada por sus ausencias... Mi discurso fue tranquilo, empático y, sin importar su respuesta, mi hambre emocional quedó saciada.

Si me hubiera comido las pasitas, luego hubieran sido unas papitas... Y así me hubiera seguido, sin haberme dado la oportunidad de obtener lo que en realidad necesitaba.

Cada vez que comemos sin tener hambre física, nos quitamos la oportunidad de saciar nuestra hambre emocional.

Hambre espiritual

El hambre espiritual es esa necesidad de encontrar respuestas, de descubrir quiénes somos y qué es lo que le da sentido a nuestra vida.

Cuando se nos olvida que pertenecemos a un plan Divino y que estamos conectados con todo el universo, nos sentimos realmente vacíos, temerosos, abandonados, inestables... Y todo eso lo intentamos llenar con comida.

El hambre espiritual se siente en el alma y se manifiesta en una insatisfacción constante.

Revisa qué ocurre contigo en relación con tu espiritualidad y qué ideas tienes al respecto. Comienza a nutrir esa cualidad que posees, con lecturas, meditación, música que llegue al alma. Ayuda a los demás, comprométete con el cuidado de la naturaleza...

El hambre espiritual aparece cuando perdemos el sentido de la vida, cuando dejamos de ver a los demás como nuestros semejantes; es esa sensación que aparece al olvidar lo que realmente es importante.

Es sumamente importante escuchar los mensajes que nos manda el alma para alimentar el hambre espiritual, para saber si nos satisface y nos da plenitud lo que hacemos en este momento de nuestra vida. Cuando lo que realizamos nos aleja del sentimiento de pertenencia, paz y bienestar, nuestra hambre espiritual manda señales que muchas veces no escuchamos y que confundimos con hambre de comida.

Hay una variante de este tipo de hambre, que ojalá siempre permanezca latente: el hambre de crecer espiritualmente, de lograr nuestras metas, de ser cada día una mejor versión de nosotros mismos, de conocer más, de ayudar más, de ser más plenos...

¿Qué, cómo, cuándo, cuánto comer?

El hambre física solo puede ser saciada con comida. Eso suena muy lógico, ¿verdad? El dilema de quienes hemos vivido atormentados con la comida y con el peso es saber qué, cómo, cuándo y, sobre todo, cuánto comer.

¿Cuándo? Solamente cuando tengamos hambre física, hambre de estómago.

Para comenzar a familiarizarte con tu propia necesidad de alimento, te invito a que imagines una tabla como la que aquí aparece y que comiences a "graficar" en tu mente cuánta hambre sientes

0	1	2	3	4	5	6	7	8	9	10

0 = Desmayo de hambre
5 = Neutral, no tengo hambre ni estoy lleno
10 = Estoy incómodamente lleno

Relaciona el 0 en la tabla con alguna ocasión en la que verdaderamente sentiste que te ibas a desmayar si no comías, y ubica el 10 recordando aquella vez que comiste tanto que no te podías mover y jurabas que ibas a explotar. A partir de fijar esos parámetros, lo ideal es comenzar a comer cuando el hambre está en los niveles 3 o 4 de la escala, ya que en los grados superiores lo que experimentamos no es hambre física, y en los inferiores es tanta el hambre que la desesperación nos hará comer de más.

Para volver a conectar con tu hambre física, es necesario que mantengas mucho contacto con tus sensaciones, con tu cuerpo, con tus reacciones ante lo que ocurre; sobre todo, que estés en sintonía con tu estómago.

Cuando logras confiar en tus señales y te das la oportunidad de dejar que sea tu cuerpo el que te avise cuándo comer, te darás cuenta de que hay muchas horas del día en las que no tienes hambre y que esa atención que le ponías al control de tu manera de comer hoy se la puedes dedicar a un sinfín de cosas satisfactorias, como hacer lo que realmente nos gusta, darnos tiempo para nosotros y para nuestra familia, soñar, meditar, pintar, crear…

¿Cómo? En un ambiente tranquilo, agradable, cómodamente sentados; con nuestra atención centrada en lo que comemos, en lo que pasa en nosotros. En las sensaciones que provocan en nuestro cuerpo el olor, el color, la textura, el sabor y la temperatura de lo que comemos. No se vale comer frente a la tele, la compu, leyendo, chateando… Si estamos comiendo con alguien que nos provoca emociones fuertes, revisemos muy bien que no nos echemos comida a la boca nada más para tapar el miedo, la excitación, la atracción, el rechazo o cualquier otro sentimiento que esa compañía nos provoque. En tal caso, dejemos la comida a un lado hasta que permanezcamos tranquilos.

Aunque es normal que nuestra hora de la comida esté rodeada de gente y de distractores, a medida que estemos pendientes de lo que pasa en nosotros cada vez nos sentiremos con más confianza.

Tips:

1. *Procura hacer una de tus comidas solo, sin música ni televisión ni teléfono; sin ruidos fuertes ni pensamientos distractores. Esto te ayudará a que inicies la práctica de poner atención.*

2. *Si tienes poco tiempo para comer y no puedes salir de tu oficina, apaga el teléfono, voltea el monitor de tu*

computadora e incluso, si te agrada, lleva un mantelito (hay quienes hasta un florerito ponen). Todo esto, con la intención de darle "seriedad" y la importancia que merece tu momento de comer.

3. *No comas mientras vas manejando, tu atención estará sumamente dividida entre no estrellarte y comer; y como lo primero es vital para tu sobrevivencia, dejarás de lado la atención en lo que ocurre mientras comes: la cantidad, la calidad, el sabor, la textura, el sonido.*

4. *Deja el cubierto entre bocado y bocado.*

5. *Mastica lentamente, no dejes ir nada que tengas en la boca hasta que no lo hayas molido y triturado completamente.*

6. *Si estás teniendo una conversación intensa, aparta tu comida y déjala hasta que estés tranquilo.*

¿Qué? Lo que nuestro cuerpo pida, no lo que dice la dieta, ni el nutriólogo, ni nuestra madre, ni los amigos, ni la revista. Nuestra forma de comer es única, así como nuestra huella digital. Lo que me cae bien a mí, puede indigestarte a ti. Para saber exactamente qué nos gusta, qué nos hace sentir satisfechos, nutridos, ligeros, plenos y confortables, es necesario probarlo en carne propia, en un proceso alternativo de prueba y error que nos permitirá reconocer con precisión lo que nos beneficia. Nuestro cuerpo sabe qué necesita, solo que lo hemos desacostumbrado con tantas dietas y lo hemos confundido con tantas ideas ajenas a su naturaleza; pensamientos inadecuados que requerimos "limpiar" para reconectarlos con nuestra hambre, con lo que necesitamos comer.

Como yo era tan apegada a mi abuela, adopté muchos de sus hábitos para comer; ella odiaba el pescado y yo también lo aborrecí. Hasta hace muy poco, decidí probar de nuevo a qué me sabía hoy a mí, no a mi abuela ni a la Adriana de 10 años. No imaginan qué grata sorpresa fue descubrir que, aunque es un sabor raro al que no estaba acostumbrado mi paladar, sí me gusta y hoy ya puedo comerlo. Del mismo modo, descubrí que los *bagels* –que tanto decía que me gustaban–, hoy cuando los como con conciencia me saben insípidos, masudos y sin chiste. Para realizar todas estas "pruebas" fue necesario despojar a los alimentos de las etiquetas que les había puesto y simplemente verlos como lo que son. Las galletas no son pecaminosas, son simplemente galletas, y reconocerlo me ha dado oportunidad de probarlas objetivamente; si me gustan de verdad, me las como: si no, las dejo, pero no porque engorden, simplemente porque no quiero comerlas. Pensamos que los alimentos nos gustan y se nos antojan mucho porque los consideramos prohibidos; esa restricción les imprime una atracción especial. A medida que logremos dejar de considerarlos así, nuestras decisiones serán mucho más certeras.

Cada vez que estemos frente a nuestro plato de comida, decidamos qué es lo que queremos comer primero, NO LO QUE DEBEMOS. Por ejemplo, si lo que más se nos antojó es la pasta, pues comámosla primero, no nos importe el trámite de iniciar con la sopa, luego la carne, la ensalada y, al final, los macarrones. Cuando estemos satisfechos de pasta, si todavía tenemos hambre, entonces revisemos qué comeremos ahora. Estamos muy condicionados con ideas como: "Primero la sopa", "El postre al final". Comprueba lo que sucede si primero disfrutas el postre.

Tomemos el mando y cada vez que nos encontremos con un *debo* o un *tengo*, cuestionemos: "¿Según quién?".

Un día, por la mañana, regresaba del gimnasio y me dieron muchas ganas de desayunar ensalada. Mi primer pensamiento fue: "A estas horas se come fruta, no ensalada". Cuando me pregunté: "¿Según quién?", me di cuenta de que nadie me lo había dicho, simplemente yo lo había dado por hecho. Entonces llegué a mi casa y me preparé una deliciosa ensalada. Quedé plenamente saciada.

¿Cuánto? Hasta que estés satisfecho. Este es uno de los aspectos que nos pueden resultar más complicados porque nuestra satisfacción ha estado condicionada una vez más a lo que nos han dicho y a lo que nos hemos "comprado"; a programaciones como: "Cuenta calorías, carbohidratos y porciones", "No comas esto", "Con esto ya debes estar satisfecho", "No desperdicies, porque hay niños en África que no tienen qué comer", "No te levantas hasta que te acabes lo que hay en el plato"... Así como poseemos la señal de hambre en nuestro sistema, también tenemos la de satisfacción física. Es el mensaje que manda el organismo cuando ya obtuvo lo que necesitaba. Esta señal es sutil, no es la de sentirnos llenos e incómodos al grado de que nos cuesta trabajo respirar. Una vez más es importante estar muy concentrados en nosotros mismos para poderla escuchar porque es posible que llegue repentinamente, incluso a medio bocado. Es como un clic que hace el estómago, no la boca; por eso, debemos constantemente vigilar, proteger y estar conscientes de nuestro estómago, hacerlo nuestro amigo, dejar de temerle y de odiarlo.

Para que la mente se entere y dé la señal de satisfacción, es esencial darle tiempo, comer muy despacio, bocado a bocado, mordida a mordida. Si queremos detenernos cuando estemos satisfechos, es fundamental que solo comamos cuando tengamos hambre física, ya que de lo contrario la señal de alerta difícilmente aparecerá; porque si lo que tenemos es aburrimiento, el sosiego llegará cuando hagamos algo para entretenernos, no cuando comamos. La satisfacción física resultará plena cuando lo que comamos sea realmente lo que nos nutra, pues por mucho que nos llenemos, nuestro cuerpo seguirá desnutrido y continuará pidiendo más. Esa plenitud se genera también si lo que comemos es realmente lo que queremos en todo sentido. Si deseamos una hamburguesa, pero porque estamos a dieta solo comemos ensalada, es muy probable que nos quede una sensación de querer algo más.

Debemos revisar muchas ideas y atrevernos a experimentar, solo así encontraremos nuestra verdadera satisfacción. Es como cuando tenemos un pendiente: por más que nos distraigan otros asuntos, la sensación de incomodidad no desaparecerá hasta que logremos solucionarlo, lo mismo ocurre si no vamos directo a lo que necesitamos. Por otro lado, si después de cenar nos amenazamos a nosotras mismas con no probar ni un bocadillo más, sino hasta el otro día; o si mientras comemos hacemos la promesa de que mañana empezaremos la dieta o el ayuno, entonces nuestro sistema detectará carencia y no mandará señales de satisfacción ante la amenaza de restricción. Por el contrario, es importante que te comprometas a que volverás a comer la próxima vez que sientas hambre física, así te ayudarás a detenerte cuando tu cuerpo te lo indique.

Regresemos al asunto de que comemos como vivimos. Es importante revisar en qué otros aspectos de nuestra vida, además de la comida, nos sentimos insatisfechos. Esta circunstancia puede ser el reflejo de muchas otras que no nos han complacido.

Haz una lista de los momentos de tu vida y comprueba si han sido más los que te han satisfecho plenamente, que los que te han provocado frustraciones:
¿Qué sientes al mirar lo que acabas de escribir?
¿Qué te dice de ti?
¿Hay algo que quieras cambiar?
Si es así...
¿Qué cosas diferentes decides hacer hoy? (Acciones concretas, por ejemplo: hablar con mi mamá, ir a caminar veinte minutos diarios, inscribirme a clases de baile, empezar a buscar otro trabajo, pedir un aumento, etcétera.)

Revisa si tu sensación cambió al escribir tus intenciones de realizar acciones diferentes. Solo date cuenta de lo que sientes, nada está bien, nada está mal, lo que sientas es.

Hay ciertos tips para dejar de comer cuando estés satisfecho:

- ✓ *Retira el plato fuera de tu alcance.*
- ✓ *Procura siempre dejar comida en el plato.*
- ✓ *Levántate de la mesa cuando termines.*
- ✓ *Lávate los dientes.*
- ✓ *Espera veinte minutos después de comer para decidir si quieres postre.*
- ✓ *Si te gusta mucho lo que comiste, pero ya te sientes satisfecho, pide que lo pongan para llevar si estás en un restaurante, o guárdalo para después si estás en tu casa. Si cuando te vuelva a dar hambre física se te antoja, cómelo.*

¿Qué me lleva a comer sin hambre física?

Hay muchas circunstancias y sensaciones cotidianas que nos conducen a la alacena, al refrigerador, al cajón o a la tiendita, sin que tengamos hambre física.

Algunas de ellas son:

- ✓ La sed: Es increíble cómo confundimos la sed con el hambre. Estamos tan acostumbrados a calmar con comida cualquier sensación incómoda, que nos negamos la oportunidad de indagar un poco más sobre lo que realmente deseamos.

- ✓ El cansancio: En muchas ocasiones, cuando nos sentimos desganados, débiles o cansados, comemos por instinto para llenarnos de energía. Esta reacción no está del todo equivocada. Uno de los síntomas de la necesidad de alimento puede ser la debilidad, pero es muy diferente de querer manejar el cansancio físico, emocional, con un plato de comida, y curiosamente buscamos alimentos pesados que al final nos dejan aún más exhaustos.

Así le sucedía a Guadalupe, quien no se explicaba por qué no podía seguir una dieta. Nos cuenta que le asignaban horas extras de trabajo en la oficina porque no sabía decir que no. Después de hablar acerca de los sentimientos que se despertaban en ella mientras trabajaba hasta tarde, descubrió que para mantenerse despierta ante la imposibilidad de irse a descansar, mejor se entretenía con una larga fila de galletas, panquecitos y otras dulzuras más. El cansancio es una señal de que estamos sobrepasándonos y que necesitamos tomarnos un tiempo fuera. Cuántas historias hemos escuchado de gente que acaba tirada en la cama con una gripa espantosa o un intenso dolor de espalda (en el mejor de los casos) justo cuando tiene más trabajo. Es como si el cuerpo advirtiera: "Si no lo haces por la buena, lo harás por la mala". El agotamiento solo se quita con descanso físico, como acostarnos, dormir, cambiar de posición, movernos; o reposo mental, como distraernos, ir al cine, ver la tele, salir a dar un paseo, leer, etcétera.

- ✓ El aburrimiento: Bien decía mi abuelita que "la ociosidad es la madre de todos los vicios". Estar sin hacer nada, es decir, sin una actividad específica, para muchos puede resultar aterrador si no estamos acostumbrados a intimar con nosotros mismos. Qué ilógico se escucha esto, ¿no? Ignorar cómo estar con nosotros mismos, aun cuando toda la vida no podremos separarnos de nuestra propia persona. Es como si no quisiéramos estar "presentes" o "habitados" en nosotros mismos. Puede ser que comulguemos con ciertas ideas acerca de tener momentos de sosiego, como: "No desperdicies ni un segundo", "No seas flojo", "El tiempo es oro", y otras que pueden generar culpas a quien no está realizando una actividad "productiva". Nuestra actual vida agitada nos ha acostumbrado a recibir muchos estímulos a la vez. Yo misma me he sorprendido escuchando la televisión, revisando correos electrónicos en la computadora y enviando mensajes por el teléfono celular, todo al mismo tiempo y aun más, si la persona con la que estoy chateando tarda en contestarme, aprovecho para escribir algo en las redes sociales. Me conecto con los demás para no conectar conmigo. Obviamente, con esos ritmos, quedarnos quietos es sacar de balance al sistema. El aburrimiento es una de las muchas causas que nos avientan a comer sin hambre física, ya sea para distraernos de los incómodos silencios donde nos refugiamos con nosotros mismos o porque no hacer nada nos lleva a pensar mucho. Si esos pensamientos nos provocan emociones, entonces también estaremos sintiendo demasiado. Cuando las sensaciones se intensifican, pues comemos.

- *La indecisión:* No tener claridad en las decisiones que tomamos provoca un caos interno que a veces trasladamos al exterior con nuestra manera caótica de comer.

- *Tener pendientes:* La misma palabra nos habla de que posponer nuestras actividades no nos hace olvidarlas. Por el contrario, evadirlas nos mantiene "pendientes" de ellas. La energía que consumimos al hacerlo es muy grande e incómoda porque no les damos salida. Cuando dejamos asuntos sin resolver –desde los más sencillos, como cambiar el botón de una camisa, hasta otros más complejos, como arreglar la situación con mi pareja– consumimos parte de nuestra energía; la regamos por ahí en cada cosa que no resolvemos. Esto hace que no podamos estar al cien en nuestro día a día, y que busquemos un distractor en nuestra amiga, la comida. No hay nada mejor para estar en presencia que *el hacer*, la acción, así sea descansar; pero mientras nos quedamos en la pura intención o nos negamos a ver lo que no hemos hecho, la angustia crece y nos paraliza.

- *La costumbre:* Cuando actuamos automáticamente en la vida, solo vamos reaccionando a lo que nos ocurre, así sin pensarlo. Lo mismo nos sucede con la alimentación; si estamos acostumbrados a tomar los alimentos a la una en punto porque a esa hora siempre se come en la casa, es probable que ni siquiera nos cuestionemos si en ese momento nos da hambre. Tampoco nos parecería inadecuado si por costumbre y por instinto nos devoramos cualquier guisado o postre que se encuentre en la mesa simplemente porque está ahí; mucho menos pensaríamos si sentimos apetito cuando tenemos arraigada la idea de que los partidos de futbol se ven disfrutando botanas.

✓ *Porque me invitaron, porque es de buena educación, por los buenos modales...* Es increíble cuántas veces solo comemos por la pena de que, si rechazamos la invitación, nuestro anfitrión se sienta desairado. En una cultura como la nuestra, constantemente nos expresamos por medio de la comida: prometemos mucho amor, ofrecemos nuestro respeto, halagamos... Resulta claro que para evitar que se tome como un desprecio tenemos dos opciones: anteponer nuestras ideas y costumbres por encima de nuestro propio bienestar, o agradecer profundamente el gesto y manifestar que nuestra negativa no es señal de rechazo ni falta de amor hacia esa persona. Nos cuesta mucho trabajo expresarnos con franqueza, pero (aceptemos el consejo) cuando alguien logra expresar clara y asertivamente lo que piensa, más que agredir u ofender al otro, lo libera de confusiones y de interpretaciones. Recuerdo que durante una conferencia la persona que me ayudaba con el material de la plática me preguntó cómo sería la clave secreta que yo le daría para empezar a distribuirlo entre el auditorio. Le contesté que la señal sería: "Gaby, ¿puedes ya repartir el material, por favor?". Se rio ante la simpleza de la respuesta. Muchas veces queremos justificarnos empleando señales, códigos y argumentos complicados con tal de no "herir" al otro. La verdad es que así lastimamos más, que siendo realmente honestos, claros y directos.

- ✓ *Porque ya lo pagué o es gratis:* En una ocasión me regalaron un cupón para usarlo –cierto día específico– en un famoso café de moda. Podía canjearlo por lo que yo quisiera y del tamaño que deseara. Me imaginé saboreando todos los cafés mezclados con crema batida, chochitos, chocolate y caramelo, pero resulta que cuando llegó el momento de utilizarlo me dolía mucho el estómago y, aunque me peleaba conmigo misma, acabé haciéndole caso a mi malestar. Pedí únicamente un té de hierbabuena chico; entonces, la empleada respondió sorprendida: "¡Pero si puedes pedir lo que quieras!". Me hizo dudar, pero seguí firme en mi decisión y, cuando comencé a tomar el té y sentí la mejoría en el estómago, me agradecí mucho por haberlo determinado así. Me causé un bienestar y eso fue un gran regalo. Pensemos en las veces que hemos estado frente a un bufé y sentimos un incontrolable deseo de comer de todo porque ya lo pagamos y no queremos desperdiciar nada… Si nos convencemos de que es posible tener lo que queramos en el momento deseado, bajará la ansiedad por probar todos los platillos.

No tengo que comer algo solo porque me lo das

Al igual que consideramos de mala educación rechazar un platillo que alguien nos ha preparado con mucho amor y esmero, y nos lo comemos aun cuando no nos guste mucho, no tengamos hambre o simplemente no se nos antoje, ¿qué tanto, del mismo modo, nos conformamos en la vida con situaciones, invitaciones, puestos, relaciones, amistades... que no queremos pero las aceptamos, como si el simple hecho de que alguien nos las ofrezca llevara implícita la obligación de recibirlas?

Siempre he pensado que en algunas ocasiones, cuando llega una oportunidad a nuestra vida, la gran oportunidad puede ser precisamente no tomar esa oportunidad. Por ejemplo, si me invitan a un viaje al que no deseo ir, aunque parezca "una gran oportunidad", es probable que mi mejor decisión será saber escucharme y tener la fortaleza de arriesgarme a validar mi deseo real y no viajar.

Ante cualquier eventual carencia que hemos sufrido en la vida, por ejemplo, de atención, es normal que si alguien nos ofrece un poco sintamos un deseo casi irresistible de hacer cualquier cosa por no perderla. Hay muchísimas personas que no terminan una relación que ya no desean mantener, por miedo a no encontrar alguien más que quiera estar con ellas. A mí me sucedió lo mismo por mucho tiempo: me rodeaba de personas que no me satisfacían, solo porque querían mi compañía. Era impensable desaprovechar la oportunidad de que alguien me hiciera ese honor, porque como era tan insegura, de verdad creía que me hacían un enorme favor. Si me invitaban a cualquier lugar, me costaba un tremendo trabajo decir que no, aunque estuviera cansadísima o tuviera algo más que hacer, porque creía que entonces ya no me invitarían nunca más. Por supuesto, aun a pesar de mí misma, acababa aceptando.

En alguna ocasión alguien me dijo: "Si yo me quedo despierto trabajando hasta las dos de la madrugada, espero que tú hagas lo mismo". Aunque mi cuerpo se tensó al escucharlo, pensé que si eso esperaba de mí, era injusto que yo no lo hiciera. Pero después de un rato de permitirme sentir lo que decía mi cuerpo, le pude contestar: "Si tú quieres desvelarte hasta esas horas, hazlo, pero no esperes que por eso yo lo tenga que hacer también". Observemos que la necesidad o el deseo es del otro, mas la decisión es nuestra.

Cuando atendemos las necesidades de otros antes que las propias, estamos anulando una parte de nosotros. Esto no implica que entonces nos tornemos insensibles ante lo que les ocurre, sino que ponderemos el precio que pagaríamos si nos ignoramos.

Quienes tenemos una mala relación con la comida –que ya vimos que tiene que ver con nuestros miedos e inseguridades y con la falta de estima y amor hacia nosotros– desarrollamos una gran necesidad de agradar a los demás. Pero al final, cuando complacemos a alguien aun a pesar de nuestro deseo, por miedo a que se enoje o nos abandone, acabamos cobrándole las consecuencias o pagándolas nosotros mismos.

Restrictiva o permisiva: dos caras de la misma moneda

Ser restrictivo significa tener control excesivo sobre lo que comemos y sobre muchos otros aspectos de nuestra vida. Ser permisivo, por el contrario, representa la falta absoluta de ese dominio sobre las cosas. Sin embargo, son dos caras de la misma moneda: el restrictivo se tiene que negar permisos porque en el fondo se sabe demasiado condescendiente; y para él, bajar la guardia implica perder el mando de las situaciones. Por otro lado, el permisivo siente tanto control que necesita soltarlo todo para permitirse lo que no obtendría nunca si se reprime.

Yo pasaba de la restricción a la permisividad en cuestión de segundos. Recuerdo mis idas al supermercado, eran la gráfica más elocuente de cómo andaban mis demonios (el permisivo y el restrictivo). Si estaba restrictiva, adquiría solo productos de dieta, pero al final terminaba pagando cuentas enormes porque mi compulsión ante la carencia brincaba y empezaba a comprar otras cosas que no necesitaba, como revisteros, saleros, cremas, espejos y cualquier cháchara que se me pusiera enfrente. Entonces, aquel mismo sentimiento que me atormentaba después de darme un atracón de comida, aparecía tras pagar. Comenzaba a temblar de miedo, la vista se me nublaba y caminaba como un zombi hacia el auto. Claro que la comida de dieta terminaba pudriéndose, y la siguiente visita al súper resultaba sin límites en un ambiente permisivo.

Nos pedimos permiso cuando no nos sentimos "dueños" de algo. No creo que debamos hacerlo para meternos a nuestra cama. A medida que nos vayamos haciendo más "propietarios" de nosotros mismos y de nuestras decisiones, menos "autorizaciones" nos solicitaremos. Cuando recuperemos el poder de comer únicamente lo que deseamos, ya no buscaremos pretextos para hacerlo. ("Hoy sí me como este pastel, solo porque es tu cumpleaños", "Me he portado tan bien con la dieta que merezco una bolsa de papas"...) Simplemente lo haremos porque así lo queremos.

¿Cómo te defines tú? La siguiente tabla puede ayudarte.

Restrictivo
Control excesivo.
Obediencia como consecuencia del temor.
Pavor a perder el control.
Miedo de decepcionar.

Permisivo
Libertad sin orden.
Límites confusos.
Complacencia y generosidad.
Poca tolerancia a la norma.
Impulsividad.

Lo ideal es que encuentres un sano equilibrio; si te ubicas más como restrictiva, te servirá mucho aventurarte y arriesgarte a hacer cosas diferentes, como quien dice, ¡a despeinarte! Por el contrario, si te reconoces permisiva, aprender a manejar tus impulsos será muy útil para lograr tus objetivos.

Diferencia entre restricción y resistencia

La restricción a la que nos hemos sometido en cada ocasión que nos enfrentamos a una dieta genera impotencia, enojo y desesperación, es por eso que nos rebelamos ante ella y acabamos cayendo en la compulsión. Esta restricción está basada en el temor a no pertenecer, de no ser perfectos, de que no nos amen, de no ser felices... Tiene su raíz en creencias y necesidades falsas y nos lleva directito a la compulsión: "No me puedo comer esta galleta porque soy una cerda, marrana, a la que nadie quiere; y si me la como, más me van a odiar". Obviamente, ante tal maltrato, durante la siguiente escena nos veremos zampándonos no una, sino un kilo de galletas.

Pero hay una forma de enfrentarnos al dilema de perdernos en la restricción o en la permisividad y se llama *resistencia*.

La resistencia está basada en el amor y en nuestras necesidades reales. Es esa fuerza que nos hace detenernos ante una galleta para reflexionar: "Mi necesidad real es la de ser una persona congruente, plena y saludable porque lo merezco; por amor a mí misma no me como esta galleta porque me aleja de mi bienestar". La resistencia surge de la luz y nos lleva a la liberación.

¡Quiero controlar este descontrol!

Intentamos controlar algo porque no confiamos en nosotros mismos, en nuestra hambre, en nuestras necesidades, pero sobre todo en nuestra capacidad de reaccionar sana y naturalmente. El control tiene muchísimo que ver con nuestra forma de comer, ya que, por un lado, intentamos controlar la comida que nos metemos a la boca cuando sentimos que todo lo demás se sale de nuestro dominio; y por otra parte, hay quienes creemos que podemos gobernar todo lo que nos sucede excepto nuestra manera de comer, que es una de las características más íntimas que poseemos, es parte esencial de nuestra química. Cuando no se nos ha permitido mantener nuestra intimidad en otros aspectos de la vida, la comida se vuelve lo único que nos queda, así es que comenzamos a usarla como una forma de "rebelarnos". Por ejemplo, una niña a la que sus padres le han controlado todo (su forma de vestir, de peinarse, sus amistades, sus horarios, sus expresiones, etcétera), encuentra en su manera de comer la forma de decirles: "Esto no lo puedes controlar, esto sí es mío". El arma perfecta para hacer enojar a mi mamá era mi actitud por no adelgazar; contra esto, ella nada podía hacer.

Controlar agota porque perdemos mucha energía intentándolo. Podemos amar a una persona con todo el corazón, hacer todo por ella, intentar dominar su mundo; pero si ella no te ama como deseas, no hay nada que puedas hacer al respecto. Lo que sí está a tu alcance es reflexionar sobre lo que sucede contigo ante su falta de amor. El hecho de que esa persona te ame como tú esperas no depende de ti. No podemos controlar las reacciones de los otros, ni siquiera las nuestras; sin embargo, cada acción que llevamos a cabo va generalmente acompañada con la intención de lograr algo en los demás: aceptación, respeto, cariño... Yo vivía en una constante "actuación"; preparaba a diario mi personaje, ese con quien la gente quería identificarse. Si me encontraba en una reunión y quería pertenecer o llamar la atención, ensayaba cada mirada, cada sonrisa, cada movimiento, cada gesto y cada palabra que salía de mi boca. Era tan agotador que acababa con dolor de cabeza y de espalda; con un gran vacío si no lograba mi cometido. Y si tenía éxito, el agotamiento era triple, ya que requería altas dosis de energía para seguir controlando mi "drama". Ahora que me conduzco tal como soy, digo lo que pienso, vivo el momento y he comenzado a confiar en la abundancia del universo, ando mucho más ligera por la vida; la gente se me acerca mucho, me busca, porque encuentra en mí sinceridad y paz. Esto me ha acompañado desde que aprendí a "soltar" y dignificar a las personas, es decir, a partir de que mi sistema existencial reconoce que cada quien sabe lo que quiere y necesita; y que el hecho de que alguien no requiera de mí, no tiene que ver conmigo, sino con las necesidades de esa persona.

Confiar es fluir con la vida, que no es lo mismo que volvernos irresponsables. Fluir es hacer lo que nos corresponde a cada momento y soltar todo lo demás. Por ejemplo, en la mañana nos corresponde levantarnos a tal hora, arreglarnos, desayunar y prepararnos para ir a trabajar: si hay tráfico, si tu jefe llega de malas, si te van a pedir un informe de última hora... eso no depende de nosotros. Así que debemos liberarnos, soltarnos y confiar en que a cada momento la vida nos irá "dando las instrucciones" sobre lo que debemos hacer. Transcurre nuestra vida tratando de prevenir qué nos va a pasar y, una vez más, dejamos de concentrarnos en lo único que es y que está: el momento presente. Es como si vemos un camino muy largo para llegar a nuestro objetivo y nos angustiamos porque no sabemos cómo le vamos a hacer para llegar hasta el final. Quisiéramos poder distinguir cada uno de sus recovecos, curvas, escalones, y lo único que podemos ver es una piedra. Con miedo, angustia y un poco de desesperación por tratar de entender más, nos colocamos sobre esa piedra y nos sorprendemos porque desde ahí tampoco se vislumbra todo el camino, pero sí un poco más; es otra piedra y brincamos hacia ella. Y así, de roca en roca vamos dando pasos seguros. El mismo camino nos va indicando hacia cuál seguir; cada peñasco nos ofrece una perspectiva diferente hasta que llegamos a nuestro objetivo.

No tuvimos que conocer el camino, simplemente hicimos lo que nos correspondía: quisimos realizarlo, no parar y recorrer piedra por piedra. Pretender controlar cada cosa es como si le mandáramos un mensaje al universo, diciéndole: "Como no confío en ti, tengo que hacerlo yo mismo"; y el gran Cosmos —que está siempre dispuesto a apoyarnos— de seguro contestará: "Si eso quieres, ¡concedido!".

Compulsión contra atención

Entre todas las definiciones de la palabra *compulsión*, la que más me ha convencido es la que Geneen Roth describe como "desesperación a nivel emocional". La compulsión es ese deseo prácticamente incontrolable de hacer algo una y otra vez, incluso a pesar de nosotros mismos. Quienes comemos compulsivamente sabemos muy bien esto. Recuerdo que, en cierta ocasión, caminaba como sonámbula hacia la alacena y, mientras mi discurso interno era: "No me voy a comer el pastel, no me voy a comer el pastel", el pastel ya estaba en mi boca. Esta compulsión es la manifestación de aquel deseo de "escapar" que ya mencionamos; es la forma que tiene nuestro sistema de defensa de querer alejarnos, distraernos. Las conductas compulsivas provienen de ideas obsesivas. Por ejemplo, si una persona tiene la idea obsesiva de que se infectará porque todas las cosas están llenas de bacterias, su conducta compulsiva será lavarse las manos cada dos minutos, y mientras lo hace, aquella idea obsesiva baja de intensidad, mas reaparece inmediatamente después de asearse. Lo mismo sucede con la comida: si nos obsesionamos con la idea de que vamos a engordar, de que nadie nos quiere, que debemos ser delgadas para agradar a las personas, o que no es seguro confiar en nadie, el modo de responder será comer de manera continua o aguantarnos el hambre constantemente y evitar probar bocado.

La compulsión –para definirla de otra manera– es el miedo irracional de nuestra mente a que nos hagan daño, donde lo irracional adolece de verdad, mientras el miedo es causa y consecuencia de vivir sin afecto. Por lo tanto, la compulsión es un estado anímico generado a partir de que no encontramos amor y se ha escondido la verdad en nuestras vidas.

El recurso para hacerle frente a este sentimiento tan desenfrenado es otorgándole verdad con la atención y llenando con amor nuestra forma de comer, haciéndonos conscientes de nuestras reacciones ante esa compulsión: qué ocurre con tu respiración; cómo están tus manos, tu cabeza, tus piernas, tu boca; qué pensamientos vienen a ti, cómo te hacen sentir. Si aun así no lo logras y decides comer, entonces dirige toda tu atención a la comida; percibe su textura, su color, lo que pasa contigo mientras la comes… ¡Dale luz a tus momentos!

Ese laberinto llamado atracón

Los atracones son episodios que propician profundos sentimientos encontrados a quienes tenemos una mala relación con la comida. Son los momentos en que nuestro control, paradójicamente, se escapa de nuestras manos.

Los pocos momentos de cercanía y complicidad que vivimos con mi mamá tenían que ver con la comida. Cuando nos invitaba a uno de sus atracones, "bajaba" las defensas y se interesaba en estrechar la cercanía con mi hermana y conmigo. Me acuerdo que nos llamaba a su cuarto, sacaba la cartera (cosa no muy común en ella) y nos decía: "Tomen dinero y vayan a la tiendita; compren pastelitos, papas, chocolates, refrescos, frituras, cacahuates...". Recordar esos momentos me llena de emoción. Sentíamos una necesidad irresistible de llegar rápido a la pequeña miscelánea, y con palabras atropelladas y moviéndonos como culebritas, mi hermana y yo pedíamos y pedíamos; era un momento en el que podíamos desfogar nuestros deseos a lo grande. ¡No había límites! Regresábamos y, con una ansiedad frenética, nos devorábamos todo. Eran instantes muy placenteros. Mientras así estábamos no había dolor, ni regaños; no se sentía soledad, ni restricción; no había tristezas... No me importaban siquiera las frases con las que mi mamá acompañaba el momento de meterse un pastelito de chocolate a la boca, extasiada de placer: "Somos unas cerdas", "Mira nada más las pinches lonjas", "Mañana nos ponemos a dieta".

Aunque me complace pensar en aquellos momentos llenos de colores, texturas y sabores, no olvido que, invariablemente, acababan pronto. ¡Y sí! En menos de media hora, la orgía de placeres terminaba. Se generaban sentimientos encontrados; por un lado quería comer todo de un jalón y, por el otro, deseaba que NUNCA se acabara. No es de extrañar que por muchos años me perdiera en sendos atracones. Hoy puedo ver que cuando terminaban esos hartazgos alimenticios me reproducían las mismas sensaciones, incluyendo la de dolor y vacío.

El atracón comienza cuando nos privamos de algo: un alimento que nos tenemos restringido o un sentimiento que nos hemos contenido, o una palabra que nos hemos callado. Y mientras más nos reprimimos, la tensión crece hasta que perdemos el control, para entonces sí poder expresar lo que queremos u obtener lo que necesitamos. Si no nos permitimos reconocer y expresar un enojo, aun porque sea tan pequeño que "no vale la pena", seguramente iremos guardando y acumulando enojos, pues continuarán presentándose oportunidades de expresarlos. Se nos cerrará un camión, nos ganarán el lugar de estacionamiento… Y seguiremos conteniéndonos porque "no vale la pena enojarse". Pero de pronto, llega un amigo y nos dice que no va a poder vernos a las cuatro, como habíamos acordado, sino a las cuatro y media; y entonces explotamos como si nos hubieran sido infieles, o nos hubieran quitado el trabajo y el sueldo de toda la vida. Y como es tan espantosa nuestra reacción, nos justificamos diciéndonos: "Por eso no me quiero enojar, porque me pongo muy mal y lastimo". Si te hubieras dejado sentir y reconocer tu enojo desde la primera señal, no habrías llegado a la explosión. Lo mismo pasa con el atracón, cuando eso que nos negamos y que no validamos crece hasta que nos envolvemos en un escenario tan abrumador que nos saca de control, entonces sentimos que una fuerza superior se apodera de nosotros. Cuando empieza un atracón y comenzamos a comer desenfrenados, nuestra reacción es enfadarnos a causa de tal descontrol, y como no sabemos manejar el enojo, pues comemos para no sentirlo. Así se va desarrollando este círculo vicioso. Lo mismo cuando estamos tan obsesionados por adelgazar porque alguien nos molesta o porque queremos complacer a alguna persona haciéndolo; como hay una parte de nosotros que estamos restringiendo y que en este caso sería nuestra propia capacidad de hacernos valer por lo que somos, pues vamos a estar rebelándonos por medio de comer, y como en el espejo no vemos el resultado que queríamos, seguimos comiendo por la frustración, y subimos más y así nos seguimos.

Hasta aquí pareciera que los atracones son una forma de castigo y de terror, pero en realidad existe una mejor perspectiva para advertirlos: son la llamada de atención que nos manda nuestro sistema para decirnos que algo está pasando con nosotros que no hemos visto. Lo explico con un ejemplo personal:

Ya habiendo puesto en práctica esta nueva forma de relacionarme con el peso y con la comida, me fui a Cuernavaca para pasar las fiestas de Año Nuevo con mi papá y su familia política; lo disfruté plenamente: sin temerlo, me permití comer lo que en el momento se me antojaba, no me quedé con ganas de nada y no solo gocé la comida, también la compañía; me divertí, conviví con todos, me dejé llevar, no juzgué ni critiqué, únicamente agradecí.

Todo pintaba hermoso hasta que tomamos la carretera de regreso y, en la primera parada, me desbordé hacia una tiendita y me compré dos bolsas de papas, un paquete de galletas, dos chocolates con nuez, un tamarindo y unos cacahuates. De ahí en adelante no podía parar de comer, y en mi mente corrían ideas como: "Esto no sirve, estaba tan bien, de qué me sirve poner atención, mañana me pongo a dieta", etcétera.

Un día después de regresar, tuve una cita con una persona interesada en promover mis talleres, así que nos quedamos de ver en un restaurante. Yo me senté queriéndome devorar el menú porque curiosamente era el restaurante en el que mi mamá, mi hermana y yo nos atracábamos muy seguido. Afortunadamente me contuve porque me dio pena que llegara esa persona y se encontrara a la experta en nutrición emocional con cinco platos de comida en la mesa, comiendo de todos desesperadamente. En vez de acabar con la cocina del lugar, que era lo que quería hacer en ese momento, tomé el mantelito de papel, una pluma y me puse a escribir. No sabía qué me había detonado el deseo de un atracón, pero sí intuía que era algo relacionado con mi viaje de Año Nuevo; así que comencé a describirlo. Escribí y escribí hasta que empecé a sentir cómo se me contraía el estómago, se me calentaba la cara y la vista se me nublaba. Revisé el escrito y me encontré con la siguiente frase: "Por primera vez la pasé increíble con la familia política de mi papá". Me quedé con la sensación unos minutos y sentía como si quemara, tenía ganas de llorar; llegó entonces una voz que aseveró: "Pasarla bien con mi papá es traicionar a mi mamá". Me quedé paralizada en lo que acomodaba la información que acababa de recibir (de mí misma), y lloré al pensar en todo el tiempo que cargué con la responsabilidad de guardar lealtades a mis padres. Regresé al aquí y al ahora y pude asumir que hoy ya no tenía que pasarla mal con la familia de mi papá para complacer a mi mamá, ni a nadie.

En cuanto puse atención y palabras a mis sensaciones, como por arte de magia desaparecieron las ganas de comer; de otra forma, hubiera querido resistirlas a como diera lugar; hubiera prometido ayunar tres días seguidos, me hubiera castigado, deprimido, encerrado... Y el atracón, como incontenible huracán, hubiera dejado a su paso desolación y destrucción. ¿Se dan cuenta? Mi atracón fue una reacción en contra de mi deslealtad hacia mis propias decisiones.

Es muy común que lleguemos a estados de atracón cuando nos sentimos en peligro de ser sobrepasados, cuando tenemos sentimientos "prohibidos" que ponen en riesgo las lealtades familiares o cuando sentimos que hemos fallado en algún contexto.

A partir de hoy es importante que veamos a los atracones como una llamada de atención; no nos centremos solo en lo que comemos, cambiemos nuestra atención hacia la idea de que hay algo en nosotros que aún no podemos descubrir y que los atracones son solo la manifestación de ello. De nada sirve que discutamos y nos desgastemos con el velador de un banco, si lo que queremos es arreglar el cargo indebido en el estado de cuenta; para eso necesitamos ver a un ejecutivo o al gerente de la institución. Igual aquí, de nada sirve que discutamos con los alimentos y nos enojemos con nuestra manera de comer, si con quien debemos arreglarlo es con nuestras emociones, nuestros pensamientos y nuestras creencias. Querer "controlar" un atracón es como intentar detener el agua durante una fuga. Lo indicado es encontrar la llave de paso y cerrarla.

Cuando nos encontremos en uno de estos episodios –que son completamente diferentes para cada quien– y nos sea imposible detenernos, procuremos disfrutar lo que comemos y reconocer sabores, texturas. Después preguntémonos si lo que estamos comiendo en verdad nos gusta. Y si la respuesta es negativa, busquemos entonces lo que de verdad nos agrade, sin pensar en calorías, carbohidratos, grasas, ni nada; solo atiende a tu paladar.

Intenta revisar qué puede estar pasando contigo. Hazte preguntas como: ¿qué me ha molestado en los últimos días? ¿Qué no he dicho? ¿Qué me ha hecho sentir vulnerable? ¿Qué me he negado?, etcétera. Si no logras encontrar respuestas en ese momento y las ganas incontenibles de devorar continúan, entonces haz algo diferente:

Es el momento de hacerlos dignos y visibles. Saquemos todo y pongámoslo sobre el mantel: el queso, las galletas, la cajeta, el helado, las sobras de la comida de ayer, etcétera. Calienta lo que se tenga que calentar, pon la mesa y, ahora sí, ¡cómelo! Mientras estés comiendo recuerda que esto tiene una razón y que cuando estés listo entonces la comprenderás, pues si nos obsesionamos por tratar de encontrar respuestas inmediatas lo único que lograremos es hacer crecer la angustia y seguir comiendo. Tratar de detener esta energía es como querer obstruir la erupción de un volcán, así que en vez de intentar sofocarla, simplemente encaucémosla. Aprovechemos esa fuerza para conocernos, para sacar de nosotros eso que hierve dentro y que encuentra en los atracones la manera de fugarse. No nos asustemos, así de violento no será toda la vida. A medida que nos permitamos comer lo que nos dé bienestar, decir lo que necesitamos, poner límites, hacer lo que queramos, replantear creencias y, en general, reconciliarnos con nuestro ser, estas explosiones cada vez serán menos porque iremos abriendo otras vías de comunicación con nosotros mismos. Es como cuando disminuye gradualmente la potencia de un río, mientras su cauce va encontrando diversas salidas que al final conducen el agua hacia arroyos apacibles.

¡Nunca estoy satisfecha!

Si se nos dificulta tanto dejar de comer es porque sentimos que no estamos satisfechos y necesitamos cada vez más. He escuchado –y de hecho he asumido para mi persona– frases como: "Soy un barril sin fondo", "No tengo llenadera", "Cuando empiezo a comer no puedo parar", "Quítenme estas papas porque me las voy a acabar todas", "No me obedezco"… La satisfacción tiene que ver con muchas cosas, como comer lo que me da bienestar en todo sentido, saber escuchar la señal de "es suficiente" que manda el cerebro, saber disfrutar el momento presente y alcanzar la plenitud en otros aspectos de nuestra vida. Por ejemplo, me resultaba difícil estar satisfecha porque mis esfuerzos nunca parecían suficientes. Constantemente escuchaba de mi mamá frases como: "Te ves muy bonita, lástima que estés gorda", "Qué padre que te vas de viaje, pero para qué gastas tanto", "Tu amiga es mona, pero ha de ser medio sangrona", "Es lindo tu novio pero, ¿no es medio mandilón?". Siempre había un "pero" en cada cosa que yo hacía, por eso es que me familiaricé estrechamente con la sensación de insatisfacción; se habituó en mí tanto que a la hora de comer aparecía en primera fila.

La satisfacción se logra cuando se unen varios factores:

- ✓ Alcanzar objetivos claros, honestos y reales.

- ✓ Vivir en congruencia con lo que se piensa, se dice, se siente y se hace.

- ✓ Tomar lo mejor de cada situación, cada persona, cada cosa y cada alimento que me llevo a la boca.

- ✓ Dejar de poner mi satisfacción y mis metas afuera: "Cuando me quieras seré feliz", "Hasta que me acompañes, empiezo a hacer ejercicio"; y cambiarlas por: "Yo soy feliz y me encanta compartir esa felicidad contigo", "Yo hago ejercicio y lo disfruto si me quieres acompañar, podemos pasarla muy bien".

- ✓ Dejar de hacer comparaciones de mi vida, mi cuerpo y mis logros en relación con los demás. Nunca voy a lograr lo que consigue una amiga porque no soy esa amiga. No voy a tener el estilo de mi madre porque no soy ella. Cada quien posee el maravilloso don de la originalidad, no hay un ser humano igual al otro; ni siquiera los gemelos idénticos piensan igual. Así es que te invito a hacer conciencia de tu propia valía, tus propios recursos, dones y capacidades, que son diferentes de los de cualquiera. Yo recuerdo que por mucho tiempo lo único que anhelaba era ser igual a los demás y, como no lo lograba, me enojaba mucho, me anulaba y pasaba por encima de mí misma. Hoy me doy cuenta de que gracias a Dios no soy igual a los demás, que claro que sobresalgo como siempre lo he hecho, pero hoy ya no lo veo como algo negativo; al contrario, lo honro y comienzo a disfrutarlo. Si hubiera seguido queriendo ser como los demás, no estarías leyendo este libro.

✓ Si no estoy en contacto conmigo y con mis necesidades para poder satisfacerlas, andaré a ciegas y será realmente difícil "atinarle"; y en el ínter, estaré tratando de satisfacerme con algo que no es, mientras la respuesta será más insatisfacción. Si lo que necesito es que alguien me consuele y en vez de reconocerlo comienzo a comerme un paquete de donas, quedaré doblemente insatisfecha porque no me di lo que necesitaba –que hubiera podido ser hablar con una amiga o pedirle a mi pareja que me abrazara–; o porque comí sin hambre física, por lo tanto, mi organismo no va a mandar señal de satisfacción, pues lo que menos requería era comida.

¿De qué cargo mi comida?

La comida es energía; por lo tanto, "no se crea ni se destruye, solo se transforma"; no es ni buena ni mala, simplemente "se carga" de lo que queremos cargarla. Si mientras estamos comiendo nos decimos cosas como: "Soy una cerda, con esto voy a engordar tres kilos y me van a salir muchos granos", ¿qué crees? ¡CONCE-DIDO! La comida llega a cada una de nuestras células no solo a nivel físico, sino también energético; se convierte en una especie de "mensajera". ¿Qué mensaje quieres que lleve? Bendecir los alimentos y agradecerlos es una gran forma de energizarlos de manera positiva. Apliquemos frases como: "Amo nutrir adecuadamente mi cuerpo", "Cada alimento que entra a mi cuerpo está cargado de bienestar", "Como solo alimentos que me hacen sentir viva y vigorosa", "Es seguro para mí comer alimentos que me fortalecen", "Recibo con cada alimento la bendición y los beneficios de la Madre Tierra".

Tanto hemos etiquetado a la comida que es muy difícil reconocerla simplemente como el combustible que necesita nuestro cuerpo.

El pastel significa celebración, la pechuga de pollo asada es igual a dieta, los vegetales son aburridos, los dulces son travesura, la botana es fiesta y amigos, el café con leche es nostalgia, los chocolates son amor y dulzura... Y así hemos ido caracterizando a la comida con significados que hacen complicado el proceso de reconocer el hambre física y el hambre emocional. Porque yo puedo tener hambre física y estaría bien querer comerme un chocolate, pero no sin antes revisar si efectivamente quiero el chocolate por lo que es y por lo que sabe, o en realidad busco amor y dulzura.

Es importante advertir qué pensamientos tengo antes, durante y después de comer algo. Por ejemplo, Eloísa, al revisar al inicio de una sesión del taller cómo le había ido con la "tarea" de solo comer por hambre física, nos narra que comió hasta quedar completamente llena y terminó con un gran dolor de estómago, seguido por una inmediata sensación de enojo y culpa. Al revisar qué pensamientos acompañaron su comida, recordó que durante todo el tiempo estuvo pensando en cuánto dinero le hacía falta para poder pagar sus deudas. Su sistema detectó carencia, y como en ese momento lo único que estaba a su alcance era comida, pues obviamente quiso "llenarse" de ella; además, el sentimiento de angustia y miedo por no saber qué hacer, más el de culpa por haberse endeudado tanto, se hicieron presentes después de darse cuenta de lo mucho que había comido, al grado de que apareció ese intenso malestar estomacal; y claro que le dolía física, psicológica y emocionalmente. Recordemos que el sistema digestivo es el encargado de procesar el alimento, pero también los pensamientos y las emociones, así que claramente estaba exhausto ante tanto bombardeo.

A medida que se van modificando las ideas y la forma de vivir, va cambiando el tipo de alimentos, así, de manera natural, sin tener que prohibirlos.

No existen alimentos malos, los hay convenientes para cada persona, como también para hacer congruencia con diferentes vibraciones. Cuando logramos colocarnos en frecuencias más altas y sutiles, el tipo de alimentos que nuestro propio organismo exigirá serán, del mismo modo, de alta vibración.

Por ejemplo, yo puedo ser una excelente cocinera, pero si la persona a quien me acerco para ofrecerle mis servicios no los necesita no me contratará; y eso no depende de mi experiencia, ni de mi potencial. Igual nos sucede con la comida: un platillo puede ser delicioso, pero si no lo necesito no lo voy a comer.

Para saber qué alimentos están en congruencia con nosotros, simplemente hay que probarlos, pero sin etiquetas, sin cargas.

Todo mi placer desperdiciado en una bolsa de papas fritas

Durante un taller fue muy impactante escuchar que una mujer se dio cuenta de que todo su placer estaba desperdiciado en una bolsa de papas fritas; es decir, descubrió que todas sus fuentes de regocijo las encontraba solo en la comida. No se atrevía a buscarlas en ningún otro lugar; era más "segura" la bolsa de frituras que arriesgarse, por ejemplo, a iniciar una relación.

El placer ha sido seriamente cuestionado y hasta castigado en muchas culturas. Relacionamos con esta sensación todo aquello que pertenece a deseos carnales y "pecaminosos". El placer es la plenitud de dejarnos sentir con todos nuestros sentidos, son esas ganas de llorar de emoción al entregarnos a un atardecer; de sentir un delicioso café en la boca, dejando que cada milímetro de nuestro paladar se impregne con el sabor, la temperatura y el olor; de disfrutar la caricia del agua tibia en nuestra piel, el olor del eucalipto... El placer aparece cuando logramos nuestras metas, cuando nos vamos a dormir después de un día productivo, cuando escuchamos una música que nos llena el alma y hace brincar nuestro corazón, cuando nos tiramos en la arena o dejamos que el oleaje moje nuestros pies.

Si en nuestro interior permanece arraigada la idea de que el placer es malo y es mejor no sentirlo, dicha concepción adaptativa propiciará que neguemos esa sensación y nos desensibilicemos o que la busquemos de manera obsesiva. Por el miedo de dejarnos llevar por el placer, aprendemos a no aceptarlo en nuestra vida; o a buscarlo en niveles exagerados, como quienes aman los deportes de alto riesgo o las actividades y las situaciones que los conducen al límite.

Cuando aquella mujer descubrió que "desperdiciaba su placer en una bolsa de papas" sufrió un gran impacto al comprobar cuánto regocijo se había negado; es por eso que cuando encontraba un pequeño rastro de satisfacción le parecía prácticamente imposible despegarse de él y, al mismo tiempo, de aquella botana. Yo le sugerí que aprovechara todo su potencial para sentir placer y lo buscara en otras fuentes.

> *Hacer de nuestra vida una cadena de eventos placenteros es posible. Ahora mismo date unos segundos para respirar profundamente, llénate de los olores y los sonidos de este momento, toca tu cara con tus manos, suavemente, acariciándote... ¿Puedes sentir placer? ¿Verdad que no es tan difícil?*
>
> *Haz una lista de todo lo que pueda darte placer (además de comer). Por ejemplo, un baño de agua caliente con esencias de olor y aceites, caminar en el bosque, escuchar música, pasear al perro, cuidar plantas...*

❖ ❖ ❖

El peso, mi fiel aliado

*Cuando nos hemos acostumbrado a la incomodidad,
empezar a estar cómodos incomoda.*

Kitimbwa Lukangakye

Cuando sea delgada seré feliz

Tengo muchísimas historias que de seguro podrían ser éxitos telenoveleros. Tratan de todo lo que imaginaba que sería mi vida cuando por fin fuera delgada. Bueno, no solo delgada, cuando alcanzara la talla dos. Me sentiría segura de mí misma, feliz, inteligente, rica, asediada por muchos hombres, respetada y admirada por mi mamá, protegida por mi papá, y no habría dolor. Eran tantas expectativas puestas en aquella fantasía que hice una pausa en mi vida mientras eso ocurría, sin darme cuenta de que mucho de lo que quería ya estaba llegando, pero no me permitía verlo. Idealizamos lo que la delgadez traerá a nuestras vidas. Para mí, las mujeres delgadas eran sinónimo de felicidad absoluta. Creía que siendo esbelta, la gente justificaría mis errores. Pocas personas relacionan la delgadez con el resultado de poseer un organismo eficiente, funcional, bien alimentado, que no tenga que cargar peso de más; la mayoría hemos relacionado esa cualidad con éxito, amor y reconocimiento.

Cuando trabajaba en televisión, recuerdo haber escuchado a una conductora que decía: "Estando flaca puedo soportar hasta un divorcio". Le hemos puesto una fuerza enorme al hecho de ser delgados, como si serlo fuera un escudo protector contra todos los problemas. Tan no es así que basta ver cualquier programa de biografías de estrellas en los que se narran las desafortunadas vidas de actrices, cantantes y celebridades sobre quienes cualquiera hubiéramos asegurado que con ser talla cero ya tendrían la vida resuelta.

Cuando le has puesto tantas esperanzas, es difícil renunciar a ese momento ideal en el que por fin seas feliz y se acaben todos tus problemas, porque en muchas ocasiones esos instantes nos alientan a seguir cuando pensamos que nuestra vida no tiene sentido. Sin embargo, mientras más nos aferremos a ese ideal, menos oportunidades se nos presentarán para encontrar nuevas formas de experimentar la felicidad, la creatividad, la sorpresa, etcétera.

Yo tuve que renunciar a mi idea de ser delgada para empezar a trabajar realmente en mi bienestar porque el propósito de "tener que estar delgada" solo me limitaba, me volvía compulsiva, me alejaba de quienes amo y me ponía irritable.

Nuestra "Yo Delgada" ha vivido desde siempre en nosotros. Es quien sabe lo que necesitamos y la que está en contacto directo con nuestros requerimientos reales; es quien refleja amor y bienestar. Por circunstancias que en cada persona son diferentes, aparece en escena nuestro segundo personaje, que es nuestra "Yo No Delgada" con la "misión" de cubrir, proteger, alejar, agredir, huir... Esta "Yo No Delgada" se ha convertido en una armadura que, en su afán de protegernos, nos ha alejado de nosotras mismas. Aunque de lo que se ha nutrido es de juicios, rechazos, miedos, malestares, frialdades, agresiones, repulsiones, maltratos, etcétera, lo que en verdad quiere es protegernos, y obedece simplemente a nuestro íntimo deseo de que permanezca con nosotros.

¿Cómo puedo estar diciendo que queremos que permanezca aquí con nosotros, si lo que más queremos es que desaparezca para siempre?

Pues sí, se encuentra hospedada en lo profundo de nuestro inconsciente y no la dejamos ir.

> *Anota todas las cosas que has dejado de hacer por estar gorda o porque no posees el cuerpo ideal. Por ejemplo: "Por estar gorda no tengo novio".*
> *Y ahora cambia la oración: "He usado el sobrepeso o la obsesión por el peso para no tener novio".*
> *Hacer este ejercicio te permitirá develar alguna de las misiones de tu "Yo No Delgada".*

Marianne Williamson, en el libro *La dieta del alma*, sentencia:

> *"Será tu capacidad de amar a tu Yo No Delgada la que hará que desaparezca".*

Para amar a alguien necesitamos conocerlo, así que el primer paso será conectar con las dos *Yo*. Una vez que sabes que tu "Yo Delgada" sigue existiendo en ti, esperando regresar, y que medio aceptas que tu "Yo No Delgada" está en ti porque la has necesitado, te invito para que escribas tres cartas en las que se mantenga correspondencia recíproca entre tu "Yo Delgada", tu "Yo No Delgada" y tú.

Te compartiré algo de lo que nos escribimos entre mis otras dos y yo:

> *"Mi Yo Delgada" a mi "Yo No Delgada":*
> *¿Por qué un día decidiste quitarme la paz? Me dejaste sepultada y por poco olvidada, me llenaste de kilos y de traumas. Echaste a perder mi cuerpo, ese cuerpo perfecto, frágil y hermoso. Lo llenaste de kilos y cada kilo de más hacía que mi mamá aumentara su odio hacia mí. Cada kilo me alejaba de la felicidad de moverme, de ser ligera y aceptada...*
>
> *Mi "Yo No Delgada" a mi "Yo Delgada":*
> *Yo no sabía que estabas aquí, solo me imaginaba que era la única y me sentía muy sola. Saber que has sido siempre mi compañía me hubiera ayudado mucho a aligerar la carga; he estado muy confundida, ha habido mucho ruido, muchos ojos, mucho peso. No te quise robar tu lugar, pero tuviste miedo de salir; quiero irme, estoy cansada. Me da tranquilidad saber que Adri se queda contigo...*
>
> *Adri a las dos:*
> *"Yo Delgada": te he deseado y buscado tanto que temo que no seas real; mi frenética necesidad de tenerte y los miles de rebotes de pronto me convencieron de que no te merecía. Hoy te abro el espacio para que encuentres el camino hacia mí...*
> *"Yo No Delgada": te agradezco y te honro, gracias por*

> *haberme acompañado durante tantos años; a pesar de esta relación amor-odio tan desgastada, casi siento tristeza de decirte adiós... Pasamos tantas cosas juntas...*

El peso de más no es sino una materialización de algo que ocurre en el terreno de nuestra alma y de nuestras emociones, así que, como su raíz está justamente ahí, es precisamente desde donde hay que partir, recorriendo el camino a la inversa, dándole la bienvenida a nuestra "Yo No Delgada" como invitada de honor; como esa mensajera que nos trae información sumamente valiosa acerca de nosotros y de cómo reconectar con toda nuestra luz. No es nuestra enemiga, por el contrario...

Cuando hice conciencia de que mi "Yo Delgada" seguía existiendo en mí y que era mi "Verdadera Yo", tomé una gran fuerza para abrirle el camino y que se sintiera cómoda para regresar a mí.

Cada una de estas facetas requiere una nutrición especial: nuestra "Yo Delgada" demanda alimentos que en verdad la nutran, ejercicio y una vida sana; nuestra "Yo No Delgada" necesita ser nutrida con respeto, validez, apertura, comprensión, cariño, realización, perdón, etcétera.

Una vez que ambas están nutridas, se lleva a cabo una "milagrosa" transformación. Debemos estar preparados para disfrutar el proceso porque las dos nos darán muchas sorpresas que, si no estamos atentos y lo único que queremos es adquirir delgadez de la noche a la mañana, nos las vamos a perder.

Ya cuando entendamos que nuestros dos personajes habitan en nosotros mismos, será más fácil comprender por qué cuando hemos adelgazado sin hacer conciencia del papel que ha jugado el exceso de peso en nosotros nos autosaboteamos y, una vez alcanzada la meta, recuperamos el peso que teníamos antes de empezar la dieta y quizás hasta un poco más.

Imagina que tu "Yo No Delgada" apareció en ti para protegerte de un abuso sexual. Su instrucción fue hacerte menos atractiva para evitar "tentar" a algún hombre y correr el riesgo de ser lastimada nuevamente. Cuando adelgazas y vuelves a sentir que recuperaste la belleza, se disparan todas las alarmas porque tu mente detecta riesgo. Es por eso que el peso regresa; para volverte a proteger.

Ahora, imagina que tu "Yo Delgada" se encuentra detrás del telón, esperando el momento de sentir la seguridad de reaparecer en escena. Supongamos que se escondió ahí porque se ha visto rechazada por ser como es, y aunque quisiera salir a acompañarte, si tras bambalinas alcanza a percibir que continúas criticándote, juzgándote y sin aceptarte, definitivamente ¡ella no regresará!

Tu labor, entonces, es sanar a quien eres hoy, a quien está ahí, adherida a ti, a tu esencia, contigo. Tu tarea es amarla, honrarla, cuidarla; hacerle saber que hoy puedes protegerla, que hoy tienes herramientas para hacer que esté a salvo. Cuando tu "Yo Delgada" sienta que eso ocurre, ¡créeme que volverá!

El papel de las creencias, ¿según quién?

¡Es increíble comprobar cómo nos vamos cargando de creencias que rigen nuestra vida y que cuando las revisamos nos damos cuenta de que ni siquiera son nuestras! Pertenecen a nuestros abuelos, a nuestros padres, a la revista, a nuestro ídolo, a un amigo, a un programa, a un libro, etcétera. La mejor manera de reconocer la verdadera sustancia de estos dogmas es preguntándonos "¿Según quién?" cada vez que nos topemos con un "debo" o un "tengo". Por ejemplo, me encuentro con una mujer de 25 años que me dice: "No debo mostrar mis sentimientos". Y cuando le pregunto "¿Según quién?", ella responde: "Me lo dijo mi abuelo".

Cuando repasamos el origen de tal sentencia, resulta que no la dijo el abuelo, sino el bisabuelo, que vivió prisionero en la Segunda Guerra Mundial. Cierto que a él le fue útil –ante esa específica circunstancia bélica– esconder sus sentimientos para sobrevivir. Pero a ella no debe justificársele esa actitud de hermetismo solo porque por costumbre así la asumió. Vale la pena revisar y actualizar las creencias.

Hay un relato que me hizo Isis, una valiente mujer, al estar revisando el papel de las creencias en nuestra vida, que me conmovió profundamente porque al hacerlo sus lágrimas corrían por sus mejillas, recordando el dolor de sentirse continuamente "rechazada" por su madre. "Por necesidad mi mamá me enseñó a guisar desde muy pequeña. Cuando nos reuníamos en familia, eventualmente me correspondía cocinar; sin embargo, en esas ocasiones mi mamá siempre le ponía un 'pero' a mi arroz: 'Ay, ahora te quedó muy feo', 'No se coció bien', 'Se te pasó de salado', 'Se te batió', 'Le faltó cilantro'… Hasta que le dije: 'Es la última vez que hago arroz en toda mi vida'. Lo cumplí. Pasó el tiempo, mi mamá falleció y caí en la cuenta de que habían pasado ya siete años de su muerte y yo seguía con la 'maldición' de no cocinar arroz. Me costó mucho trabajo intentarlo de nuevo; tenía mucho miedo porque llegué a pensar que perpetuaría aquellos errores que mi madre descubría en mis prácticas culinarias. Hoy hago un arroz delicioso, gracias a que pude romper con el estigma que mi mamá impuso y que yo, sin cuestionarlo, había asumido. No fue fácil, pero logré quitarme uno de mis grandes pesos de encima. Ahora que lo cuento regresan las lágrimas y el sentimiento, pero en forma diferente. Siento que en la vida, cuando uno rompe con esos fantasmas, es como si estuviera subiendo un escalón a la vez para poder retomar el sendero que de algún modo había perdido".

Pupy, quien se ha arriesgado a "retar" sus límites, me cuenta a mí y a quienes forman parte de uno de los grupos de apoyo posteriores al Taller "Comiéndome mis Emociones", que estaba convencida de que por su peso le era imposible andar en bicicleta, así que por muchos años renunció a su deseo de subirse a una. Durante una sesión para desafiar creencias, se dirigió a un amigo suyo que era ciclista y le soltó la pregunta: "Fausto, ¿una bicicleta de paseo puede aguantar mi peso?". Pupy esperaba ya la cara de angustia de su amigo al no saber qué contestarle; sin embargo, él, soltando una carcajada, le dijo: "Ay, Pupy, te aguanta a ti y a dos personas más". Ella respiró y le contó sus miedos. Ese día, Fausto le prestó una bicicleta y ahora Pupy no solo anda en bici, sino que animó a otras personas que tenían el mismo miedo, a montarse con seguridad en esos vehículos. Su reflexión fue la siguiente: "De verdad es increíble cómo nos limitamos nosotros mismos".

Yo, "durante casi toda mi vida cargué en mis hombros (y en mi cadera, mis brazos, mis piernas, mi estómago...) la responsabilidad de cuidar a mi papá. Al menos esa era mi percepción, pues ¿qué podía hacer una niña de ocho años para cuidar a un señor de treinta? En realidad no podía hacer mucho, pero sí aprendí a descuidarme con tal de no pedirle algo, porque yo sentía que él se podía 'vaciar'. Cuando se lo conté, amorosamente me preguntó: '¿Qué necesitas escuchar de mí?' Y le contesté: 'Que tú puedes cuidarte solo'. Él concluyó: 'Siempre lo he hecho, mijita, me he cuidado a mí, y a ti te he protegido'. Hoy, al escribirlo, vuelvo a llorar al darme cuenta de que toda la tensión que 'mi propia niña' soportaba ante la obligación de cuidar a mi papá fue de pronto liberada. Sentí cómo un gran peso se quitaba de mi cuerpo y, literalmente, a partir de entonces comencé a perder peso fácilmente. Bastó un segundo para acabar con una creencia de cuarenta años; cuatro décadas en las que recurrí a todo por cumplir mi promesa de cuidar a papá".

También el testimonio de Roxana nos ayuda a entender el gran papel que juegan nuestras ideas. Ella se asustaba cada vez que le ofrecían un puesto nuevo en su empresa y comenzaba a hacer todo lo posible para no aceptarlo. Cuando revisamos sus creencias respecto al éxito, reconoció que en su familia nadie había sido exitoso, así que no sabía cómo enfrentarse a la situación de ser exitosa en su trabajo y, mucho menos, en su vida... Para ella, ser delgada significaba ser exitosa, así es que cada vez que bajaba de peso entraba en pánico y sin saber por qué abandonaba sus esfuerzos y volvía a engordar. También recordó que su abuela le ponía piedritas en el zapato para ofrecer su sufrimiento a los demás. Al día de hoy, de algún modo, continúa cargando esa piedrita, pues inconscientemente para ella dejar de sufrir es traicionar a su abuela. Afortunadamente, ver estas creencias, analizarlas y actualizarlas ha sido un gran paso para Roxana, quien cada día trabaja por redescubrir y aceptar su fuerza, su felicidad y su éxito.

Lo que somos no depende del peso, pero la forma en que nos afecta marca nuestra manera de percibirnos y percibir el mundo.

En este punto sobre las creencias es muy importante revisar qué se decía en nuestra casa acerca del peso, la imagen, el deber ser, la comida, etcétera. En los talleres, en pláticas con muchas personas, he conocido historias en las que, familiar y tradicionalmente, se le da una gran importancia a la condición de estar delgada o delgado. Es casi imposible que una persona mantenga una buena relación con la comida y con el peso si desde pequeña escucha a su madre quejarse de su apariencia, o la ve siempre sometida a dietas, comiendo diferente de los demás, criticando a quien tiene sobrepeso, haciendo ejercicio obsesivamente, contando calorías... Es muy duro desprenderse de estas creencias porque, además de que las llevamos casi tatuadas en nuestro comportamiento, marginarlas significa alejarse de nuestra relación con la familia. Se requiere mucho valor y mucho trabajo personal para crear nuevos acuerdos, nuevos pensamientos y nuevas conductas porque de algo nos ha servido tenerlas. Lo esencial es cuestionarnos, objetivamente, si en nuestra vida actual nos siguen sirviendo.

Selene, quien es una gran amiga mía, ha hecho un gran trabajo con su cuerpo, su mente y su espíritu por medio de la práctica del yoga. Ella es reconocida por mucha gente, posee una mirada profunda que emana paz y amor. Sin embargo, cada vez que su padre le hace algún comentario acerca de la "inapropiada" voluptuosidad de su cuerpo –que, según él, no corresponde a las proporciones de la figura de una señorita bien–, Selene tiene que hacer uso de todas sus herramientas emocionales para no engancharse con tales comentarios y volver a su centro porque las creencias que envuelven su entorno todavía le pesan.

No hay creencias buenas ni malas, lo importante es que analices qué pasa contigo frente a cada una de ellas. ¿Te limitan? ¿Te contienen? ¿Te dan pertenencia? ¿Las quieres seguir teniendo? ¿Quién eres con ellas? ¿Quién eres sin ellas?

¿Quiero adelgazar o estar adelgazando?

Descubrí que más que querer adelgazar era "adicta" a la sensación de "estar adelgazando", pues esto representaba albergar ilusiones, esperanzas, castigos, culpas. Y como esas emociones significaban tanto para mí, pues las recreaba constantemente durante el proceso. Por otro lado, "estar adelgazando" me alejaba del hecho de simplemente "ser" porque me mantenía entretenida. Es como cuando un niño no se deja tomar una foto y se mueve para que la cámara no pueda captar su imagen. Estar adelgazando nos hace permanecer en movimiento, con el miedo de que si tocamos base y nos quedamos ahí, nuestra realidad emocional puede atraparnos.

Recuerdo mi vida con las dietas: llego al consultorio de un nuevo doctor y pienso: "¡Este sí es el bueno, con este sí voy a adelgazar!". Las preguntas de rutina: "¿Qué comes? ¿Cuánto comes? ¿Tienes algún problema médico?"... Luego, la terrible báscula; siempre sentía la mirada inquisidora de quien me pesaba. Venía la explicación del tratamiento, la dieta, las gotas, las pastillas o lo que corresponda. Salgo. Me subo al coche. La primera escala es una tiendita, una pastelería, la plaza comercial o lo que se aparezca primero. Me tiembla todo el cuerpo, es una sensación de esperanza mezclada con ansiedad, miedo, deseo, castigo. Obligada antes de cada dieta nueva, era la súper despedida: comía como desahuciada, podía llenarme de todo lo que me gustaba, porque ya alguien se encargaría de mi peso; entonces no importaba que se hiciera cargo de dos kilitos más que me aventaba en cada despedida. Creo que someterme a tratamientos para adelgazar era la única actividad de mi vida que no cambiaba; las dietas me acompañaron en mi niñez, adolescencia, juventud, adultez; en las buenas y en las malas; en los romances y las decepciones. Eran la vía de acceso a mi felicidad, aunque no mi única opción, pero me daba paz saber que ahí estaban para cuando me decidiera.

La pretensión de adelgazar no surgió de una necesidad o decisión mía, sino de mi mamá y su deseo de tener una hija perfecta (la esbeltez era su ideal de perfección). Por mucho tiempo, ella se encargó de recordarme cada día que debía adquirir una figura estilizada. Ya después fui yo quien tomó la estafeta, aunque mi mamá siempre estuvo al pendiente. Esto hizo que se formara un vínculo muy fuerte entre nosotras; de hecho, cuando decidí alejarme de ese ambiente tan opresivo y comenzar a trabajarlo desde la conciencia y no desde el castigo y el sufrimiento, se rompió algo entrañable entre nosotras. Al principio, esta separación me desequilibró y tuve que recurrir a diversas herramientas, como terapias, meditación, afirmaciones, lecturas, prácticas, etcétera, para sepultar esa parte de nuestra relación que afortunadamente ahora ha dado paso a un mutuo entendimiento, mucho más honesto, congruente y amoroso.

Cuando hacemos dieta y dejamos de comer lo que se nos prohíbe –sin saber todo lo que la comida significa para nosotros–, es normal que surjan sentimientos que permanecían escondidos a causa de esos alimentos y que se disparen todos nuestros miedos. Es por eso que normalmente regresamos a portar nuestros kilos una vez más, porque además, si la comida ha sido nuestro "catalizador" y no hallamos otras formas de externar lo que nos aflige, podemos caer en crisis muy fuertes. Dejar las dietas no fue fácil porque debía encontrar actividades que incitaran todos esos sentimientos, reacciones, esperanzas y sueños que pudieran sustituirlos. Fue un reto inhibir la adrenalina de medir mis resultados con una báscula. Me replanteé lo que quería en realidad y emergió el deseo de sentirme cómoda; comencé a deshacerme de la ropa que me impedía percibirme así. Empecé a preparar talleres, me inundé de lecturas que me brindaban consuelo, esperanza y claridad. Retomé con más fuerza la meditación y el ejercicio, pero no ese con el cual medía cuántas calorías quemaba, sino las actividades físicas que me permitían crear conciencia acerca de mi cuerpo. Depuré mis relaciones, viví un proceso de divorcio y, día a día, me he ido encontrando con una persona muy fuerte, completa, que sonríe desde el alma: yo. Hoy mis logros los celebro al mirar a mis hijas sanas, conscientes y felices; al ayudar a mucha gente a sanar su relación con la comida; al darme cuenta de las grandes amigas que tengo…

Ahora mis retos tienen que ver con mi propio desarrollo y con la intención de aportar mi granito de arena para que este mundo sea mejor.

"Si no me necesitaras, no estaría aquí". Atentamente: el peso

El peso que cargamos de más no está ahí sin motivo, ha cumplido el papel que nosotros mismos le asignamos. Nos ha servido para protegernos, alejarnos, mostrar fuerza, manifestar lástima; para "no movernos", para ganar un lugar, para tener excusas, etcétera. Lo que no nos hemos atrevido a decir, a pedir, a hacer, nuestro peso se encarga de exponerlo.

En mi historia el peso jugó papeles muy importantes:

- ✓ Me ayudó a no ser atractiva porque, en su momento, serlo resultaba peligroso y doloroso.

- ✓ Logró convencerme de que por no ser delgada y aceptada tenía que cargar con el sufrimiento de mi mamá y así aliarme con ella para que no me abandonara.
- ✓ Aportó congruencia a mi sentimiento de abandono.
- ✓ Contribuyó a hacerme grande para cuidar a mi papá, a mi hermana y a mí misma.
- ✓ Me mantuvo pegada al suelo para no volar, pues levantar las alas significaba alejarme de mis seres queridos.
- ✓ Era mi cómplice para ser grosera y complicada.
- ✓ Me dio la fuerza y el pretexto ideal para alejarme de la intimidad con el sexo opuesto, por el terrible miedo que tenía de relacionarme.
- ✓ El peso le puso cara a mi necesidad de ser y sentirme diferente.

Al contemplar todos los papeles que ha jugado el peso en mi vida, no tengo más que honrarlo y agradecerle porque hoy he descubierto que no ha estado ahí por un castigo divino, ni por maldito. Ha estado en mí por amor. Cada gramo de peso extra con que nuestro cuerpo se viste es un acto de absoluto amor, una muestra de que somos capaces de cualquier cosa con tal de sobrevivir; si no fuera porque creímos en algún momento que engordar era lo mejor, no lo hubiéramos hecho. Cuando era adolescente y me encontraba sola en casa muchos fines de semana, el miedo a ser rechazada por mi aspecto me alejó de tener relaciones sexuales. Hoy honro esa circunstancia que, sin darme cuenta, me cuidó de un embarazo prematuro, infecciones, mala reputación y heridas que hubieran podido marcarme por el resto de mi vida.

Según un estudio realizado en la Universidad de Vigo, España, se ha encontrado que a mayor autopercepción negativa de atractivo físico, menor actividad sexual.

Citando nuevamente al doctor Alfredo Zúñiga, médico psiquiatra y psicoterapeuta con subespecialidades en Depresión, Ansiedad y Trastornos de la Alimentación realizadas en McLean Hospital, una filial del Massachusetts General Hospital y de Harvard Medical School en Boston, donde se realizan los mejores tratamientos disponibles a nivel mundial, director médico de Eating Disorders México (una de las clínicas más reconocidas en nuestro país, especializada en anorexia, bulimia y comer compulsivo), me cuenta en una sustanciosa conversación que tuve con él a propósito de este libro que una de sus pacientes afirmaba que cuando consiguiera ser delgada tendría pareja, pero era obvio que solo utilizaba su peso como pretexto para evadir cualquier relación amorosa. Evidentemente, no tenía pareja porque en el fondo no deseaba ser lastimada; tampoco estaba dispuesta a adelgazar mientras el peso le sirviera de escudo.

Te comparto dos historias que a mí me hicieron replantearme mi deseo obsesivo de adelgazar: Beatriz, una amiga muy cercana, adelgazó muchísimo gracias a una intervención quirúrgica; por el tipo de procedimiento que le practicaron –el implante de una banda gástrica–, no podía ingerir alimentos en cantidades grandes. Llevaba casi un año en esa situación, cuando comenzó un difícil proceso de divorcio. Por esta razón solicitó a su médico que le "aflojara" el dispositivo que le impedía comer de más, ya que estaba pasando por periodos de mucha ansiedad y "necesitaba" calmarlos con comida. A los tres meses –durante los cuales aumentó diez kilos– le detectaron cáncer de mama y su condición requería una operación urgente para extraerle el tumor. El médico le explicó que el peso que ganó desde la distensión de la referida banda gástrica había salvado su vida; de lo contrario, no hubiera tolerado la cirugía.

La otra historia pertenece a un amigo gordito que, aunque era sumamente simpático, querido, respetado, reconocido y auténtico, siempre soñó con ser delgado. Con pastillas, dietas y malpasadas lo logró. Desafortunadamente no pudo disfrutarlo ya que le detectaron cáncer y, como su condición de salud era tan inestable a causa del daño que se había provocado al adelgazar tan rápido, tardaron cerca de dos meses en estabilizar sus niveles (estaba anémico) para iniciar el tratamiento contra el cáncer. Esos meses fueron determinantes y no logró sobrevivir.

La vida a veces manda este tipo de mensajes demasiado fuertes. No esperemos a que algo así nos ocurra para escuchar lo que nos grita el peso; este posee muchas claves para descifrar lo que necesitamos, lo que hemos hecho por sobrevivir. El peso nos aclara el panorama para descubrir las habilidades que nos hemos negado a explotar... Solo basta voltear a verlo, en lugar de darle la espalda y tratar de destruirlo, porque intentarlo implica destruirnos también. El peso no marca nuestra vida, lo que lo hace es la actitud que asumimos frente a él.

Ganancias no ganancias

Muchas razones por las cuales no conseguimos lo que queremos se deben a que existen ganancias ocultas precisamente en no obtenerlo. Cuando enlisté las utilidades que adquiero al no tener dinero me encontré con tantas que, claro, una parte de mí creía firmemente que no me hacía bien poseerlo. Fíjate, cuando no tengo dinero, mi papá no me pide prestado; mi mamá, que naturalmente me confronta mucho, baja la guardia y, en lugar de exigirme, me protege y me consiente; mis amigas me invitan y me apoyan económicamente. Claro que hoy, de manera consciente, trabajo para ponerle límites a mi papá, para manejar con madurez la relación con mi mamá y agradezco a mis amigas, y no por eso dejo de aceptar cuando me invitan o me ayudan en algo. ¿Te das cuenta? Pero todo esto lo pude practicar una vez que adquirí la conciencia de lo que pasaba; mientras estuvo oculto, seguía la inercia y culpaba al destino, a mi falta de iniciativa, a los bancos, y no solo eso, sino que para castigarme y para compensar la carencia de dinero me la pasaba comiendo todo el día.

Lo mismo sucede con cada cosa que, por más que intentemos, no llega a nosotros.

Ya anteriormente hablé de algunas de las ganancias que obtuve por mi gordura; existen más, como flojear y no levantarme de la cama por no tener, según yo, nada que ponerme; atraer la atención de mis papás, ser "absuelta" de varias obligaciones porque ya con estar obesa era suficiente; no luchar por mis ideales por miedo a que no se cumplieran, o lo que es más, por terror a que se materializaran y no saber qué hacer con ellos.

> *Te invito a que elabores una lista de las cosas que has logrado al no bajar de peso. Aunque te resistas a pensarlo, has conseguido muchísimo: no correr riesgos, justificar tu falta de experiencia, no tener pareja para que no te lastimen, no obtener dinero para que te sigan manteniendo...*
>
> *Una vez que percibas tus ganancias antes ocultas, entonces podrás decidir de manera consciente y madura si de verdad quieres seguir actuando así.*

Además de estas "ganancias no ganancias", existen otras ventajas que sí hemos alcanzado. Por ejemplo, la falta de límites claros, mi inseguridad y la ausencia de una guía me llevaron a ser una persona sumamente prudente; me gusta revisar mi lugar y no importunar a los demás. Aunque nació de una carencia, se ha convertido en una ganancia.

El miedo a sentirme ligera

Un día, al llegar a impartir un taller, se me acercó Olivia, una mujer muy reservada que escondía su mirada atrás de unos enormes anteojos y su cuerpo debajo de enormes faldas e incómodos sacos. Me comentó que estaba "aterrada" porque había perdido algo de peso y no entendía la razón por la cual no lograba alegrarse, aun cuando era lo que más deseaba. Aquí algo de su historia: ella es una mujer que desde pequeña tuvo que cargar un gran peso. Nació y fue la adoración de su papá, lo cual fue aprovechado por su mamá para convertirla en el "catalizador" de la familia, otorgándole responsabilidades que no le correspondían, como cuidar a sus hermanos, vigilar a su padre y encargarse de que no se fuera a ir de la casa. Ella no tenía idea de cómo asumir esa titánica e injusta misión. La desesperación la condujo a comer compulsivamente como su único escape y su único consuelo. "Nadie que no sea tu familia te va a querer", así se lo hicieron saber en casa; cambiar esa idea le está pesando demasiado porque suprimirla significa en cierta forma traicionar y aceptar que su padre, ese que era para ella todopoderoso, pudo haberse equivocado.

Cuando comenzó a adelgazar –al comer con conciencia, al entrar a terapia y enfrentar sus miedos–, se aterró por sentirse ligera, pues para ella representaba una nueva sensación a la que ha ido acostumbrándose poco a poco. Ha trabajado mucho para aceptar que ya no necesita cargar con tanto peso y para dejar de lado la culpa por ver primero por sí misma.

Es muy común experimentar miedo y desconcierto ante la sensación de ligereza que produce la reducción del sobrepeso que hemos cargado durante años, porque si no tenemos nuestras bases firmes puede originarse la falsa idea de que "perdemos piso", que nos pueden mover de lugar o de nuestras creencias con facilidad, que no resistiremos los embates de la vida, etcétera. Esto, una vez más, es una creencia que podría estar alojada en lo más profundo de nuestro ser, pero que actúa desde ahí en nuestras decisiones y comportamientos.

Otro ejemplo es el de Dolores, que se sentía destrozada e impotente al ver cómo, por pleitos ajenos a ella, su familia se desmoronaba. Cuando nació su hijo ni siquiera se dignaron en visitarla para conocerlo; la necesidad de conseguir que sus seres queridos estuvieran presentes en su vida y en la de su pequeño la obligó a "ponerse" muchos kilos encima; inconscientemente quería tornarse cada vez más grande para que su vástago percibiera "más" su presencia y no resintiera la ausencia de todos los demás.

¿Cuántos kilos más para alejarme?

Imagínate que de pronto tuvieras que vivir en medio de la selva rodeada de animales salvajes. No tienes opción de alejarte de ese lugar, sin embargo, descubres una jaula. Rápidamente, corres a su interior y la cierras con todos los candados y cerrojos que hay. Las garras de los leones se introducen entre los barrotes y te sientes aterrada porque apenas puedes esquivarlas. Volteas y hay otra jaula dentro de la jaula; no lo piensas y te metes en ella. Las zarpas felinas ya no representan un peligro, pero ahora las serpientes irrumpen y les es posible entrar. Descubres otra jaula que además de barrotes posee paredes de acero y cristales blindados; obviamente, decides refugiarte ahí porque es segura y te permite observar a los depredadores, pero a lo lejos ya solo escuchas sus amenazantes sonidos. Por fin llega el rescate y ruegas que te saquen de ahí con todo y jaulas porque estás horrorizada. Te lo conceden y regresas a casa metida en tus armazones. Tus hijos quieren abrazarte y no pueden; observas la chimenea, pero no percibes su calor. El miedo no te permite ver que ya no necesitas aquellos barrotes porque ya no estás en la selva. Lo mismo ocurre cuando nos abstraemos de nuestro alrededor, de nuestros sueños, nuestras necesidades, de los demás e incluso de nosotros mismos por temor a ser lastimados, y el peso es una herramienta que, sin darnos cuenta, utilizamos para construir celdas, barrotes, bardas y fortalezas infranqueables.

Cuando usamos los kilos para alejarnos de las personas, también nos apartamos de nosotros mismos. Durante una sesión del taller, mientras tocábamos el tema, Isabel reconoció entre llanto que se extrañaba a sí misma, se sentía totalmente alejada de ella.

No sé cuál es mi lugar

¿Te ha pasado que no sabes realmente cuál es tu lugar, que no estás cómodo en ninguno, que no encuentras qué te haga feliz, que sientes que estorbas? Entonces comprenderás lo siguiente:

Cuando aún laboraba, sentía que mi empleo estaba "prestado", que en realidad no merecía cada uno de los cargos que obtenía. Con la universidad creía lo mismo: que no era digna de sus enseñanzas, que no pertenecía a ella. Con mis amigas me costaba trabajo ser simplemente yo.

Hasta el día de hoy me pongo muy nerviosa y alterada si no me indican con exactitud cuál es mi lugar y mi papel para no equivocarme. Fui competencia de mi mamá, pareja de mi papá, madre de mi hermana, hija de mis abuelos, hermana de mis tíos... Por medio del peso, una parte de mí imploraba que los demás percibieran mis esfuerzos por recuperar mi lugar original: el de hija de mis papás, hermana de mi hermana, nieta de mis abuelos y sobrina de mis tíos. El sitio de Adriana, ¡una niña que necesitaba ser niña! Solo decirlo me conmueve una vez más; veo a esa pequeña muerta de miedo a la que movían de un lugar a otro, que rogaba a gritos el permiso de arraigarse, sentir un hogar, protección, calor, seguridad.

Cada cual posee un sitio que le fue dado por orden divino y nadie nos lo puede quitar. ¡Nadie! Yo me desgastaba por pelear mi lugar en la vida de mi papá hasta que comprendí que mi calidad de hija primogénita era insustituible. Nadie puede nacer el mismo día que yo, a la misma hora ni de los mismos padres. Sentimos que la gente nos quita algo cuando olvidamos nuestra condición de ser perfectos y únicos. No pasa nada en nuestras vidas que no tuviera que haber pasado; no conocemos a nadie que no tuviéramos que haber conocido. Somos almas con una misión especial que buscan, mediante experiencias, conseguir sus objetivos. A medida que lo entendemos, navegamos con más paz y dirección. Aprendemos que estamos en la vida de alguien el tiempo necesario para conocernos, dar y recibir, y si permanecemos en esa frecuencia aceptaremos agradecidos, con desapego –sana y amorosamente–, que cada cosa que poseemos o vivimos constituye una bendición.

Si no te culpo a ti, ¿a quién?

"¿Qué harías si no tuvieras sobrepeso nunca más?", me preguntó Ana, mi terapeuta en trastornos de alimentación. Yo sentí que me quitaban el suelo y se me iba el aire; todavía puedo recrear esa sensación de vacío y miedo. Después de respirar profundo, me pregunté: "¿Por qué tanto temor si es lo que siempre he querido?" Cómo no manifestar pavor, si toda la vida el sobrepeso había dado sentido a mi vida, si era el culpable de tanta infelicidad, el que me afirmaba como la víctima más víctima del mundo. Soltarlo significaba colocarme en otro lugar que ignoraba cómo adoptar.

Al decidir cambiar, ya de manera consciente, tuve la sensación de que hacerlo significaba alejarme de mi mamá y de quienes fueron cómplices en mi relación con la comida. Tomar responsabilidad significa ya no poder cargarle la culpa a NADIE; por el contrario, implica hacerme cargo de mis propias decisiones y eso puede generar mucho miedo.

Es normal que una transformación de esa naturaleza también repercuta en el lugar que ocupaban los demás en relación con nosotros, y es muy probable que hagan todo lo posible por regresarnos adonde estábamos, tal es el caso de Maribel, quien al igual que sus dos hijos adolescentes y su marido, padecía un grave problema de sobrepeso. Tras comenzar a sanar su relación con la comida y reducir tallas, se dio cuenta de que tanto a sus vástagos como a su cónyuge les disgustaba la idea: por un lado, tenían miedo de perder esa complicidad que la comida y la obesidad les daban; por otro, los confrontaba con sus propias historias. Era mejor anular eso que les producía tanto ruido, entonces comenzaron a tentarla con los platillos que más le agradaban, a criticar su nueva forma de afrontar los problemas, los límites que comenzó a poner, etcétera. Para Maribel no ha sido fácil, pero la fuerza interior que ha ido desarrollando le permite seguir en su camino, aprendiendo y tratando de que los integrantes de su familia entiendan que sigue amándolos y que está trabajando para lograr relaciones más sanas y amorosas con ellos.

El otro no me hace vivir, me lo recuerda (resentimiento)

En una vida cargada de culpa, vergüenza, miedo, desconfianza, juicios y restricciones como por lo general experimentamos quienes mantenemos una mala relación con la comida, es común otorgar a los demás el poder de que decidan qué comemos, cómo nos sentimos, qué queremos, cuándo nos marchamos, etcétera. Llegamos a pensar que vivimos gracias al otro; es común caer en relaciones de codependencia que nos recuerden constantemente que no somos suficientes, que no valemos y que no se puede confiar en nosotros. Y lo hacemos no solo con nuestra pareja, sino con nuestros padres, hermanos, hijos, maestros, amigos, jefes…

> *Hoy te invito a que recuerdes que tu vida es individual, única, sabia y maravillosa. Quienes nos rodean tienen la maravillosa misión de acompañarnos, amarnos y permitirnos ver en ellos aquello que no alcanzamos a ver en nosotros.*

Por mucho tiempo viví con resentimiento; es decir, reviviendo el sentimiento de abandono por parte de mi mamá. Era como si no olvidar eso significara hacerme justicia. Un día en terapia le comenté a mi psicoanalista: "Raque, si entiendo que mi mamá hizo todo eso porque no sabía qué otra cosa hacer, dime, ¿qué hago entonces con todo este enojo?". Sentía que soltar ese enfado significaba "fallarme" a mí misma. He trabajado muchísimo la relación con mi madre, que por cierto ha marcado fuertemente mi manera de comer y de percibirme. He comenzado a aceptar que honro y agradezco la vida que me dio, pero que esa existencia ahora me pertenece.

Es muy diferente *dejarnos sentir* que *vivir llenos de resentimientos*. Los resentimientos nos conducen al odio, al maltrato, a percibirnos víctimas, a la irresponsabilidad. Sentir es todo lo contrario. Sentir es colocarnos en el aquí y en el ahora; es preguntarnos: "¿Cómo me siento hoy al recordar el dolor de haber perdido mi casa?", por ejemplo. Si en lugar de vivir peleándome y culpando a quién sabe cuánta gente por lo que pasó, me centro en la sensación que me produce ese hecho, puedo entonces decidir qué necesito hacer con eso, responsable y conscientemente.

La forma en la que sí podemos utilizar al otro es como reflejo. Imagina la época en que no existían los espejos, las personas solo podían saber cómo eran a partir de lo que los demás les describían.

Algo similar nos sigue ocurriendo. Existen muchas cosas de nosotros mismos que no podemos ver y para hacerlo necesitamos el apoyo de quienes nos rodean. Por eso las relaciones que mantenemos con los demás son muy valiosas, porque ayudan a entendernos mejor. Pero recuerda que, al igual que cuando te miras en el espejo y sientes comezón en la oreja, debes rascarte en ese órgano auditivo y no en el que se refleja.

Cuando ves algo de ti en el otro, lo tienes que trabajar en ti, no en el otro. Por ejemplo, si te enoja muchísimo que tu socio sea perfeccionista, no es tu misión hacer que él deje de serlo, sino revisar qué pasa contigo ante su perfeccionismo, qué te hace sentir o qué tanto quisieras tener un poco de perfección en tu vida.

❖ ❖ ❖

Ese extraño en el espejo

El hombre discute, la naturaleza actúa.

Voltaire

Encontrarnos frente a frente con nuestro cuerpo puede resultar muy desafiante; iniciar una relación con ese extraño en el espejo es como cualquier otra relación, empieza poco a poco. Como la mayoría de nosotros se ha formado una imagen ideal de lo que queremos ser, es muy desconcertante toparnos con la realidad que nos grita: "¡Mira, sigo siendo yo!". Vernos en el espejo es observarnos sin disfraz, y aunque nos da miedo, también proporciona elementos para partir desde una realidad, no desde la fantasía. Hay muchas personas que no se han mirado al espejo en años; han preferido evadirse de sí mismos.

Te invito a que comiences la rutina de observarte todos los días en el espejo; a tu ritmo, reconociendo a esa persona que está frente a ti, que hace mucho no veías. ¿Qué le quieres decir? ¿Cómo deseas expresárselo? Recuerda que la intención es hacerte su amigo. Empieza por describir lo que distingues: unos ojos cafés y profundos, una nariz que te permite respirar, brazos largos, uñas resistentes... ¿Qué puedes comenzar a mirar? No te castigues si no logras apreciarte completo a la primera, inténtalo poco a poco, como cuando cubrías tus ojos en una película de terror y abrías "ventilas" entre tus dedos para ver solo algunas partes. Registra las sensaciones que te recorren mientras te adviertes. Si solo brotan ideas negativas, no las calles, déjalas salir, vacíate; revisa cómo te sientes al decirlas: ¿liberado? ¿Enojada? ¿Frustrado?... Solo observa sin juicios cómo reaccionas. Conforme pasen los días presta atención en algo que te guste de ti: tus pestañas, el hoyuelo de la mejilla, tu sonrisa, la uña del dedo meñique... y dedícale todo tu interés, reconócelo, chuléalo, disfrútalo y revisa tus sensaciones.

A medida que te permitas observarte y dejar de ser un fantasma para ti mismo, te darás cuenta de que tu cuerpo tiene mucho que decir. Cuando logres mirarte completo externa estas palabras: "Te observo y me observo, eres el reflejo de mi historia con la comida, de mi genética, de mis creencias, de mis abusos y de mis defensas. Cada herida es una batalla librada, cada uno de mis kilos lleva impresa mi historia. Hoy honro mi historia, venero mis pies que dan dirección a mi andar, mis piernas que me sostienen y me permiten caminar y moverme, mi cadera, recinto de mi sensualidad; mi vientre, dador de vida; mi estómago, centro de poder y voluntad; mi pecho, hogar de un corazón que me he permitido amar; mi espalda, que ha sostenido valiente mi peso; mis brazos, que me permiten abrazar a quienes amo; mis ojos, que me muestran imágenes a cada momento; mis oídos, que me llenan de sonidos; mi boca, que es capaz de expresar, de disfrutar, de comer, de besar... Agradezco profundamente a todo mi cuerpo, que ha hecho lo que consideraba lo mejor. Gracias por acompañarme en este recorrido llamado vida. Hoy me comprometo a cuidarte en retribución a todo lo que has hecho y haces por mí".

En un estudio realizado por el área de nutrición y bromatología de la Facultad de Ciencias de Ourense de la Universidad de Vigo, España, que comparó dos poblaciones de jóvenes, españoles y mexicanos, se comprobó que mientras los hombres (de ambas nacionalidades) querían estar más robustos, las mujeres deseaban ser más delgadas, independientemente de su peso, y este deseo afectaba en mayor medida a las españolas que a las mexicanas.

¡Déjame salir de aquí!

Mi mamá se quejaba todo el tiempo de su cuerpo, de las lonjas, de cómo tragaba y de lo infeliz que era por su gordura. Por mucho tiempo, al ver que alguna parte de mi cuerpo se parecía a la de ella, quería arrancármelo; en el fondo pensaba: "Si el cuerpo de mi mamá es tan imperfecto, y yo salí de él, el mío debe ser también imperfecto". Hoy veo a mi mamá y claro que no es flaquita, es una mujer grande, imponente y sumamente atractiva, pero el término *gorda*, más que kilos extra, para ella significaba que algo no estaba bien: su mamá, mi abuela, era una mujer menudita, perfectamente arreglada, que la rechazaba por ser insumisa y no recatada como sus hermanas. *Gorda* para mi mamá encerraba muchas cosas; era la única divorciada, la única que trabajaba, de carácter fuerte y que decía lo que pensaba... ¡Imagínense! Para una familia ocupadísima en el "qué dirán", pues resultaba una herejía. Todo lo que se decía en esa casa debía ser discreto, secreto.

Esta inconformidad con mi cuerpo, que en realidad era mi desacuerdo con mucho de lo que ocurría en mi vida, me hacía sentir que una parte de mí estaba "atrapada" debajo de los kilos de más, que los kilos representaban una especie de monstruo cuya figura me mantenía secuestrada. Conforme he trabajado con esa imagen que aparece todos los días en el espejo, he descubierto más quién soy, esa que efectivamente estaba aprisionada, aterrada, pero que hoy se asoma cada vez más. ¿Y saben qué? Esa persona que observo en el espejo me encanta.

El miedo a ser vista

Un gran terapeuta, eminencia en trastornos de alimentación, después de cuarenta y cinco minutos de escucharme hablar de la miserable existencia que vivía por ser gorda, me miró detenidamente y afirmó: "Tienes miedo de dejarte ver porque fuiste muy escrutada cuando no estabas lista para ser observada de esa manera". De ahí empezó una búsqueda que incluyó regresiones, terapia corporal, mucho dinero en libros, psicoanálisis, constelaciones familiares, consultas con expertos, terapia de renacimiento, etcétera, para descubrir quién me había mirado de tal manera y si habían sido simples miradas o algo más.

En la actualidad ha habido pistas de que efectivamente sufrí algún tipo de abuso; sin embargo, la mente es tan sabia que no me ha permitido percatarme de lo que pasó exactamente. Después de mucho desgaste y desesperación por saber qué sucedió y quién lo había hecho, decidí dejar el tema por la paz y centrarme en reconstruir esa parte de mí que sentía tanto miedo de mostrarse; hoy estoy ya casi convencida de que ser vista es seguro para mí, que hoy tengo herramientas para defenderme si alguien intenta aprovecharse. No tengo la guerra totalmente ganada, pero sí muchas batallas superadas.

Para quienes han usado el sobrepeso para no ser vistas, resulta normal que cuando adelgazan y comienzan a notarse se aterran porque no saben qué hacer con eso, ignoran cómo evitar que la atracción que provocan les cause peligro; por eso, apenas se dan cuenta, ya están otra vez envueltas en kilos de más.

Si este es tu caso, te invito a que acudas a un especialista que te ayude a sanar tus heridas de abuso.

En ciertas terapias, cuando una persona está en proceso de sanar la compulsión por comer, originada por un abuso sexual, se le indica que no vista ropa demasiado atractiva cuando comienza a adelgazar, para que no regrese el miedo de "provocar" otro abuso, hasta que poco a poco recobre la confianza en sus herramientas para defenderse.

¿Qué grita mi cuerpo?

La forma de nuestro cuerpo está marcada por la herencia genética, pero también por las máscaras que nos hemos puesto para ocultar las heridas que han originado huellas profundas. En su libro *Las cinco heridas que impiden ser uno mismo*, Lise Bourbeau señala que las cinco grandes heridas que tenemos los seres humanos y que son visibles a través de sus respectivas máscaras en la morfología de nuestro cuerpo son rechazo, abandono, humillación, traición e injusticia.

Nuestro cuerpo es una carta de presentación, no hay algo de nuestra forma de ser que no se refleje en él. Nadie me ha hecho una descripción más exacta de mí misma que Deborah, una terapeuta corporal que, estando yo en traje de baño, literalmente me leyó el cuerpo. Al ver mi vientre abultado, me habló de mi necesidad de cubrir mis áreas sexuales por miedo (coincidía con el abuso), de lo sensual que es mi físico y todo lo que hacía por evitar que esa sensualidad se notara. Recomendó que prestara atención a una especie de "concha" que se formaba en mi pecho, literalmente cubriendo mi corazón.

Después de trabajar mucho para conseguir abrirme, para sentir de nuevo y atreverme poco a poco a amarme y a amar a los demás, esa "concha" comenzó a desaparecer. Me refiero a que presentaba una consistencia dura, como hueso, no se trataba de una hinchazón. Mi cuerpo es voluptuoso y llamativo, cosa que por mucho tiempo quise "desaparecer" no solo por el miedo de volver a ser abusada, sino por la incomodidad que producía en quienes me rodeaban. Con cada dieta quería arrancarme eso que consideraba tan malo, eso que no pasaba desapercibido. No obstante, esas prominentes curvas despertaron mi sensualidad, cosa que al principio me asustó mucho, pero poco a poco me ha llenado de sorpresas. De hecho, me sentía como niña con juguete nuevo, comencé a maravillarme del efecto que causaba en los hombres y también me di cuenta de que ya podía defenderme y decidir con quién estar y con quién no en el plano romántico o sexual. Pero eso no siempre fue así, este cuerpo provocaba miedo en mi papá, mi abuelo, mis tíos, mi mamá y quizá también en personas que no se atrevieron a acercarse a mí porque, aunque creía que lo evitaban pues simplemente yo no les atraía, resultó todo lo contrario. Mi cuerpo "hablaba" demasiado, y como muchos no estaban preparados para escucharlo, era mejor hacerlo callar.

Hay vida después de los límites

Tenemos mucho miedo a estipular límites porque pensamos que si lo hacemos pueden dejar de querernos, crear el estigma de que somos agresivos y chocantes, o que las limitaciones nos van a "restringir", cuando en realidad determinarlas es muy liberador. Imagina que te pido que organices una comida en el Castillo de Chapultepec y no te explico exactamente en qué punto; es decir, no delimito las áreas en las que puedes desenvolverte. Seguramente enloquecerías intentando adivinar si el sitio que elegiste es el indicado, si llevas mucha o poca comida, si tienes que adornar todo el lugar o una sola área...

Los límites funcionan cuando son claros y no siempre deben ser drásticos; existe la posibilidad de decir: "Sí te acompaño a la fiesta, pero solo me quedo dos horas" o "Acepto tu amistad, pero no ser tu pareja".

El enojo es una gran señal de que necesitamos poner límites, así es que revisa qué márgenes has dejado de establecer.

Cuando comencé a poner límites me asustaba muchísimo, lo hacía de manera exagerada y tal vez poco asertiva, pero poco a poco he aprendido a determinarlos; aunque me falta mucho por recorrer, los resultados han sido muy favorables: no me han dejado de querer, no se ha alejado de mí la gente, a pesar de que al principio hubo reacciones de sorpresa, frustración y, por supuesto, enojo y desconcierto porque tampoco estamos acostumbrados a que nos delimiten.

La culpa y la vergüenza, grandes protagonistas de mi vida

De pequeña tuve la sensación de que todo lo malo que acontecía a mi alrededor era mi culpa: el divorcio de mis papás, el abandono de mi mamá, los fracasos de mi padre, etcétera. Hoy entiendo que como niños es mucho más fácil pensar que lo que ocurre es por nuestra responsabilidad, y no alcanzamos a dilucidar que quienes velan por nuestro cuidado pueden actuar mal; entenderlo implica un riesgo espantoso: "Si ellos están mal y son los que me cuidan, estoy en grave peligro". Aunque parezca extraño, la culpa junto con la vergüenza formaron parte de mí; la pena de no ser perfecta, de tener padres divorciados, de ver a mi papá besándose con su nueva mujer, de haber sido abusada, de no tener límites… Intenté eliminar de mi existencia esas tribulaciones pero irrumpían de nuevo, ahora para avergonzarme de mi cuerpo y generar una gran intranquilidad en mi conciencia cada vez que comía. Es como si el alimento y el peso les dieran constantemente vida. ¿Para qué? Hoy creo que para que pudiera enfrentarlas.

Según el estudio "Imagen corporal en mujeres rurales de la Sierra de Juárez y la costa de Oaxaca", la población femenil que habita cerca del mar presenta más problemas de sobrepeso y obesidad y se percibe más gorda; ellas desearían ser delgadas y algunas hasta estar desnutridas, a diferencia de sus contrapartes indígenas de la sierra. Se comienzan a detectar diversos casos de mujeres que practican la anorexia y la bulimia en dicha zona costera.

❖ ❖ ❖

6

De regreso a casa

*¿Cuál es tu cara original antes
de que tu madre y tu padre nacieran?*

KOAN ZEN

¿Cómo empecé a buscar fuera de mí?

En mi casa el refrigerador estaba casi siempre vacío, ya que mi mamá trabajaba todo el día y de pronto transcurrían temporadas relativamente largas en las que no acudía al súper a comprar despensa. Mi hermana y yo aún ahora hacemos burlas al respecto, pero para mí resultó traumático darme cuenta de que no era solo el refri, sino que toda mi casa estaba desolada, al igual que mis momentos de consuelo y plática con mi mamá. Pude sentir ese enorme deseo que habitó mi mente por muchos años, traducido en fantasía, en el que llegaba a casa y todo era hermoso: había flores, olores sublimes; la alacena, repleta; el comedor, bien servido y agradable, y una sonriente mamá esperándome; la realidad era otra. Arribaba a mi hogar muerta de hambre, sola; ahí imperaba el silencio, la penumbra; la comida era bastante fea; la mesa, desarreglada, y mi mamá... siempre ausente.

Por eso aprendí a escaparme todos los días a la tiendita de la esquina para buscar por lo menos momentos que llenaran mi boca de buenos sabores. Esta rutina continuó durante mucho tiempo, primero visitaba la pequeña miscelánea, luego las casas de mis amigas, la de mis abuelos; después el trabajo, la depresión, la tristeza, la evasión, la comida, la bebida y la irresponsabilidad.

Hoy, por primera vez, pude ver claramente cómo comencé a escapar; me duele evocar esas experiencias y pienso en esa niña que luego se convirtió en una adolescente paralizada y en una mujer temerosa e insegura. Ahora me tomo el tiempo para revivir esos recuerdos, ese dolor, esas sensaciones, y me sorprendo al darme cuenta de que ya no encuentro una casa vacía; hoy habito una hermosa vivienda iluminada, con olores magníficos, sabores envolventes, una sonrisa en los labios y los brazos bien abiertos... ¡Hoy me encuentro conmigo!

¿Cómo no vamos a querer escabullirnos de nosotros mismos y correr hacia otro lugar si nos hemos transformado en lugares muy inhóspitos? Imagina que llegas a un sitio donde te piden que te quedes, pero huele mal, no hay dónde sentarse, hace frío, nadie te escucha, te ignoran, si hablas te pegan un manotazo en la boca, no te dan de comer, te insultan, está oscuro... ¿Te quedarías? ¡Claro que no! Revisa si el lugar descrito se parece a tu interior.

Cuando en nosotros no existe confianza en lo que somos y lo que desempeñamos, cuando creemos que no somos merecedores ni suficientes, estamos siempre buscando la validez en el otro.

Para mí fue muy difícil amarme y aceptarme tal como era porque no obtuve la aprobación de mis padres para hacerlo. Para mi mamá verme gorda representaba algo que la sobrepasaba, la enojaba, la encaraba con una realidad que la había hecho sufrir y que por una parte no deseaba que yo la padeciera; por otro lado, la hacía recordar su propia historia no resuelta con la aceptación. Un día estuve en Cuernavaca con la hija del novio de mi mamá; era de esas chavas súper delgadas que desayunan papas fritas, dos panquecitos y un refresco, y que pasan todo el día comiendo porquerías sin que se les note ni en lo grueso de las uñas del pie. Era muy alta y siempre usaba minibikinis. Estábamos saliendo las dos de la alberca y unos vecinos nos observaban y exclamaron: "¡Qué bárbara, qué guapa, qué cuerpazo!". Mi madre creyó que se referían a la hija de su pareja, hasta que aclararon su confusión: "¡No, el piropo es para tu hija!".

Hoy mi madre confiesa que en esa ocasión su mente no asimiló que aquellas palabras estuvieran dirigidas hacia mi persona. Nunca pudo aceptar que yo poseyera un físico hermoso, aunque no usara talla dos. Sus esfuerzos para que enflacara fueron enormes: me llevaba a todos los doctores de dieta, me daba pastillas, me regañaba, me amenazaba, me ofrecía premios si lo lograba, hacíamos apuestas y concursos a ver quién adelgazaba más, me criticaba… Recuerdo una vez que después de varias horas logré vestirme para una fiesta; hice ardua labor para convencerme de que me veía bien, pero a pesar de ese esfuerzo, mi madre, después de revisarme de pies a cabeza, me dijo: "Urge que te pongas a dieta". ¿Se imaginan el desenlace? Yo en un rincón durante toda la pachanga, devorando las botanas. La incongruencia radicaba en que, por un lado, mi mamá repetía todo el día que yo era muy guapa, entonces reflexionaba: "Bueno, si soy tan guapa, ¿por qué todo el tiempo me critica?", aunque debía tener razón porque ni las moscas se me acercaban.

Cuando confesó que mi gordura le causaba mucho enfado, corroboré que el rechazo que sentía de ella era real. Resultó extremadamente difícil y doloroso confirmar esa verdad: mi madre fue incapaz de verme y valorarme como era; sin embargo, con el paso de los años esas circunstancias me han permitido entender que mucho de lo que cargué por no aceptarme como soy en realidad no me correspondía a mí, sino a mamá.

Hace poco, cuando comencé a reconciliarme conmigo misma, a aceptarme, amarme y cambiar mi historia; cuando empecé a impartir con éxito mis talleres y descubrir que resultaba atractiva para los hombres, mi mamá se aventó el siguiente comentario: "Mijita, ya ponte a dieta y consíguete un trabajo de verdad". Por primera vez pude contestarle con serenidad: "Mami, estoy muy bien conmigo, ¿por qué no revisas qué pasa contigo por no tener una hija talla dos?". ¡Uff! No saben qué liberador fue regresarle su responsabilidad; literalmente me quité peso de encima. A partir de que he conseguido entender no solo en mi mente, sino en mi alma, que ya no necesito agradar ni desagradar a mi mamá, mi cuerpo comenzó a cambiar, ya no debe demostrar nada, simplemente develarse tal cual es.

¿Cómo me habito?

¿Te habitas o simplemente haces paradas rápidas en tu casa, o vas continuamente de entrada por salida? ¡Habitar es estar!

Normalmente decimos "habitar" cuando nos referimos a una casa, a un espacio. Pensamos que un lugar es "habitable" cuando es cómodo, cuando cuenta con lo necesario para quedarnos ahí.

¿Qué hace que un lugar sea habitable?

- Que esté limpio
- Que tenga buena luz
- Que sea cómodo
- Que mantenga una temperatura agradable
- Que proteja del exterior
- Que sea de fácil acceso
- Que huela rico

Nosotros mismos somos espacios en los que de pronto se nos olvida estar, nos encontramos más deshabitados de lo que nos imaginamos y las consecuencias pueden ser realmente dañinas. ¿Por qué? Porque cuando en vez de habitarnos simplemente nos "llenamos" o, por el contrario, "nos vaciamos", perdemos el contacto interno.

Digamos que *habitar* es ¡ESTAR!, hacer presencia, involucrarnos con lo que somos.

Es muy fácil entrar en una casa y saber si está habitada. Se siente, hay calor humano, las cosas parecen tener vida, se nota en el aire que se respira; aun cuando no haya nadie en ese momento, se pueden escuchar sus sonidos.

Un hogar se impregna de la esencia de quienes lo habitan, de sus detalles. Se puede percibir en pequeñas cosas, como una taza de té a medio tomar, el correr del agua que fluye por sus tuberías, un recadito por ahí, el olor de la última comida…

Por el contrario, una vivienda deshabitada se siente fría, callada, sin movimiento, con humedad… Lo mismo pasa con nosotros cuando dejamos de atender nuestra propia morada. Cuando "estamos en casa", cuando estamos "habitados", se nota; somos más certeros, cálidos, confiables... Vivir con una persona que realmente está con nosotros durante una plática es una delicia, nutre el alma, reconforta.

Piensa qué necesitas para volverte "habitable", para que no desees escapar de ti mismo. Puedes empezar por describir tu lugar favorito y ver de qué manera adaptarlo para ti; por ejemplo, si te gusta un lugar con luz, ilumina tus momentos, elimina las actitudes y los pensamientos que ensombrecen, como el derrotismo, la crítica, la negatividad, etcétera. Si ese espacio huele delicioso, incluye en tu vida olores agradables, como el de los inciensos, las flores, las velas; si hay silencio, sé sigiloso para que puedas escucharte, o si te agradan sus sonidos armoniosos, escucha melodías con acordes y sonidos armónicos.

Conviértete en el mejor lugar en el que quieras estar. Esto hace que dejes de buscar afuera constantemente, que no te pierdas en la primera ofensa ni que te nulifiques ante un rechazo. Busca tiempo todos los días para hacer algo que en verdad te guste, que no sea tu trabajo ni los quehaceres de la casa. Algo como darte un baño caliente con burbujas, un masaje en la cabeza con los dedos, leer algo de tu preferencia, iniciar una colección de objetos, ir al cine, cantar, bailar... Convéncete con acciones de que vale la pena estar contigo.

No se puede habitar lo que ya está habitado

Imagina que llegas a tu casa con un enorme vehículo de mudanzas cargado de muebles, cuadros, ropa, tapetes, adornos y cosas nuevas; abres la puerta, ansiosa de introducir todo lo que compraste y ¡sorpresa!, se te olvidó sacar el mobiliario viejo. Después del susto y el berrinche, lo único que puedes hacer es extraer esos objetos y limpiar los espacios que ocupan para dar cabida a lo nuevo. Igual sucede con nosotros: no podemos dejar entrar nuevas ideas a nuestra vida, nuevas formas, si no comenzamos por desechar las viejas, arreglarlas, limpiar y preparar el terreno para que se escriban nuevas historias. Lo mismo ocurre cuando decidimos cambiar hacia una nueva manera de relacionarnos con la comida: es indispensable modificar antiguos patrones, ideas, creencias, hábitos, actitudes, pensamientos, etcétera.

No sé cuidarme

A mis cuarenta y dos años he de confesar que apenas estoy aprendiendo a cuidarme, no sabía cómo hacerlo, no me enseñaron. Mi mamá por lo general estaba muy ocupada y mi abuela –con quien pasaba mucho tiempo– se manejaba "demasiado prudente" para meterse en la vida de los demás (léase la mía). He sabido cuidarme preguntando cómo, observando a los demás y siguiendo mi intuición. Mi falta de cuidado todavía se refleja en el desorden que a veces tengo en el coche o en mis cajones, pero cada día voy mejorando. Algo similar le ocurre a Elena, quien durante una sesión de apoyo me compartía que desde su niñez se encargó de cuidar a todos sus hermanos, a sus papás y a cuantas personas han aparecido por su camino; no tuvo opción. Ha aprendido a formarse al final de la fila. Su discurso es: "Yo no sé velar por mí"; sin embargo, platicando con ella, le argumenté que si había podido hacerlo tan bien por los demás es porque sabía cómo, solo debía emplear la misma dedicación para ella misma; claro que tiene la capacidad para conseguirlo. Sea cual sea la causa por la que se nos dificulta brindarnos atención, es necesario reflexionar que CUIDARNOS es un reflejo de que nos amamos; no procuramos algo que no nos interesa, ¿verdad?

> *Te invito a que te intereses en ti, te aceptes y te ames; entonces, cuidarte en todos los aspectos será la consecuencia lógica.*

Uno de los obstáculos que propician el descuido de nuestra persona es la sensación de que algo malo reside dentro de ella. Y si estamos convencidos de eso, entonces actuaremos en consecuencia para "destruir" dicha maldad, lo cual puede incluir comer y hacer cosas nocivas. En realidad no existe nada "malo" en nuestro interior, solo ideas, programaciones, miedos, condicionamientos y sentimientos que en el momento en que decidamos enfrentarlos dejarán de lastimar.

Ordenando el clóset

Cuando siento que todo en mi vida está "patas para arriba", he encontrado muy útil para encontrar sosiego ponerme a ordenar mi clóset:

> *Te invito a que lo pruebes tú también, pero en esta ocasión déjate sorprender al hacerlo con una conciencia diferente. Así lo hice hace un tiempo y quiero compartirte algunas de mis reflexiones:*

- *Entre más cosas acumulas, habrá más probabilidades y más lugares en los que se acomode el polvo.*

- Cada objeto que guardas y no ocupas es una oportunidad que le quitas a alguien para que lo use.

- Cada cosa que conservas sin usar invade espacio y propicia que lo que sí utilizas permanezca apretado o se maltrate; además, restringe el cupo para otras pertenencias.

- Me di cuenta del enorme apego que le tengo a cosas que alguien me aconsejó poseer y que en realidad ni me gustan.

- Me percaté de cuántas posesiones almaceno solo porque me las regalaron y ni modo que las obsequie.

- Conservaba mucha ropa pasada de moda porque la había comprado en algún lugar especial, o la porté para alguien en específico o en alguna época en particular. Comprendí que dicha vestimenta no me regresaba a vivir de nuevo esos momentos... así que ¡adiós!

- Tomé conciencia de cuántas cosas amontonaba por si algún día las usaba y después de cinco años o más ese por si no ha llegado...

- Me probé cada pertenencia y decidí que solo preservaría las que cubrieran mis necesidades y mis gustos en color, talla, textura, diseño y comodidad, acorde con lo que siento y reflejo HOY.

- Descubrí cosas hermosas que yacían arrumbadas o eclipsadas por otras.

- Me sentí ligera después de hacerlo; literalmente la energía comenzó a correr de diferente modo. Es más, ya no importa de qué manera fluyó, el hecho es que ¡SE MOVIÓ!

- *Pude notar que poseer múltiples objetos me brindaba una quimérica seguridad y que solo la mitad aportaban beneficios útiles a mi vida cotidiana.*
- *Comprobé que menos puede ser más.*

La experiencia, aun cuando no es la primera vez que la disfruto, ha sido increíble, pues me confirmó que hoy quiero para mí cosas hermosas, en buen estado, cómodas; que en cada momento podré hallar la indumentaria y todo lo necesario que esté en la misma frecuencia que yo.

Cuando sientas que tu vida está desordenada, te sugiero que ordenes el clóset, o un cajón o tu bolsa; te ayudará a clarificar las ideas.

❖ ❖ ❖

7

El gran poder de la presencia

Pensar es más interesante que saber,
pero menos interesante que observar.

Goethe

Comer con conciencia

Una de las principales herramientas que me ha ayudado a sanar mi relación con la comida de forma práctica es comer con conciencia; es decir, volcar mi atención a esa parte que tanto me ha lacerado, que tanto he amado y que tan castigada y juzgada estuvo por mucho tiempo, pero desde otro lugar más amoroso y reconciliador.

Comer con conciencia es integrar los cinco sentidos a la hora de ingerir los alimentos, es volver a comer como cuando éramos pequeños, sin juicio, sin dar por hecho, sorprendiéndonos con olores, sabores, texturas, formas... Cuando a un niño pequeño le ofrecemos una galleta por primera vez, no expresa: "Ah, es una galleta, sabe a galleta, tiene sesenta calorías, pertenece al grupo de los carbohidratos, solo me puedo comer media...". ¡Al contrario!, la explora, la descubre, la observa con curiosidad, la huele, la prueba, la palpa... Esa es la forma de comer que te recomiendo adoptar: reconectarte con tu verdadera necesidad, la de nadie más.

Comer con conciencia es:

- ✓ Concentrar todos los sentidos a la hora de ingerir los alimentos.
- ✓ Comer solo cuando exista hambre física.
- ✓ Comer sentado, sin distracciones.
- ✓ Comer lo que en ese momento el cuerpo decida.
- ✓ Reconocer texturas, olores, sabores, consistencia, sensaciones...
- ✓ Comer hasta quedar satisfecho.
- ✓ No esconderse.
- ✓ No comer sobras.
- ✓ Dejar el cubierto entre bocados.
- ✓ Concentrarse todo el tiempo en uno mismo.
- ✓ Explorar sin dar por hecho a qué saben los alimentos.

Comer con conciencia es darnos la oportunidad de reconocer el placer de cada bocado y también de disfrutar el bienestar general del cuerpo, la mente y las demás emociones antes, durante y después de alimentarse. Aprender que cuando dejamos de comer al estar satisfechos no estamos quitándonos comida; al contrario: nos proveemos bienestar.

> *Te invito a que la próxima vez que comas observes detenidamente tus alimentos, que los huelas. Ahora cierra los ojos para que no exista ningún distractor; aleja la prisa y disfruta el olor en toda su extensión, indaga si viene alguna imagen a tu mente, si existen sensaciones en tu cuerpo. Abre los ojos y observa de nuevo esa comida, sus colores, su forma. Hazlo con calma y comienza a colocar pequeñas porciones dentro de tu boca. Cierra los ojos y percibe las texturas en tu paladar. Nota cómo salivas, qué papel juegan tus dientes, tus labios; mastica despacio, obtén todas las delicias que ese bocado te proporciona, no lo dejes ir hasta que agotes su sabor. Haz lo mismo con cada bocado y observa lo que sucede.*

Yo decidí no llevarme nada a la boca que no me permita hacer este proceso. Me sorprendo al descubrir cuántas cosas ingería por reflejo; literalmente solo me las tragaba. Hoy, si noto que algo que estoy comiendo quiero pasármelo rápido –porque si permanece mucho tiempo en mi boca me incomoda o me produce alguna sensación desagradable–, simplemente lo dejo de comer. Lo mismo he comenzado a hacer en mi vida: si hay una plática, una película, una relación o cualquier actividad que no me permita entregarme con todos mis sentidos, reconsidero si en verdad la deseo.

Yo tengo el poder

Aunque no lo parezca, resulta de pronto más fácil culpar al otro —o a las circunstancias— de lo que nos pasa. Mientras otro sea responsable, yo me desentiendo, cuando en realidad lo que consigo es anular la capacidad de hacerme cargo de mi propia existencia, de tomar decisiones. La oportunidad de hacerme responsable de mí mismo debe determinar de igual manera lo que haré con mi vida. Es como si nos metiéramos a un mar con oleaje muy grande y potente: podemos nadar a contracorriente y agotarnos sin arribar a tierra firme; podemos abandonarnos a esos flujos y dejar que nos conduzcan hacia donde vayan; podemos ubicarnos donde rompen las olas y que la inercia nos revuelque; podemos sumergirnos y esperar a que las marejadas se apacigüen, o podemos aprender a montarlas como surfistas y aprovechar su fuerza. Así pasa en la vida: nosotros decidimos dónde queremos colocarnos.

¿Cuántas veces dejamos que la vida nos atropelle, nos pase por encima, y nosotros nada más "sobrevivimos", aprovechando los pocos espacios que encontramos para tomar aire? Yo viví por muchos años así. No pensé en el suicidio, pero sí experimenté una sensación de muerte en vida; los días pasaban sin que nada me resultara alentador. No percibía ninguna diferencia entre un amanecer y otro. Sentía que habitaba en una película en blanco y negro: miraba lo que acontecía, pero no era capaz de involucrarme ni de advertir emoción alguna. Estaba en pausa, una dolorosa pausa. Creía que la vida era algo que aparecería después, como una llanura enorme que algún día se convertiría en mi morada y donde por fin exclamaría: "¡Ahora sí! Ya puedo comenzar a vivir".

Hoy sé que la vida es cada instante, cada respiro. La respiración nos mantiene conectados a ella. Si quien nos creó hubiera determinado otra cosa, nos habría dotado de un tanque de oxígeno que nos durara para toda nuestra estancia terrenal, pero no fue así. Su sapiencia decidió que ese elemento vital llegara a nosotros en cada suspiro. Yo no puedo usar la inhalación de este momento dentro de cinco minutos, transcurrido ese lapso habrá otra. "La calidad de nuestros instantes es igual a la calidad de nuestra vida." Esto me ha llevado a crear momentos maravillosos, a llenarlos y vivirlos con intensidad.

Siente el gran poder de tu presencia, cierra los ojos y percibe consciente la fuerza de este instante; reúne en ti toda tu atención y tu energía.

Cuando cerrar los ojos significa comenzar a ver

Desde hace tiempo, el mantra, o la palabra que utilizo cuando medito, es *presencia*; esta palabrita apareció de pronto en mi vida y decidí adoptarla. Presencia para mí implica simplemente ser, dejar de pelear, dejar de correr, para disfrutar el enorme poder de sentirme viva, así como soy en este instante, en cada uno de mis instantes, sin pretender ser otra cosa, sin querer estar en otro lugar ni en otro tiempo ni con nadie más que conmigo.

Para mí, estar en presencia significa sentir un gozo en el corazón que proviene del viento que toca mi rostro, del sonido que inunda mis oídos, de la sangre que recorre mi cuerpo y de mi corazón que dirige la bella orquesta de mi existencia.

Hace unos días, en lugar de hacer mi meditación normal, se me ocurrió practicarla en movimiento, con una caminata; aprovechando que medito en el bosque, comencé a andar con los ojos cerrados.

Lo que pasó fue tan sobrecogedor que espero encontrar las palabras para describirlo. Primero, puse toda mi atención –es decir, mi presencia– en mis pies; comencé a dar pasos sumamente lentos y sentí cómo mi cuerpo se tardaba en encontrar el equilibrio cuando el peso se trasladaba de un pie al otro, cosa que por lo general no había advertido porque lo hago en automático.

Mi caminar era tan lento y con tanta conciencia que pude comenzar a sentir la presencia de los árboles, las plantas, los troncos, la tierra y todo lo que había a mi alrededor. Eso propició que yo no tuviera miedo de chocar o de tropezarme, ya que mi presencia me permitía no solo sentir lo que había, sino que además me daba la oportunidad de guiar mis pasos si se topaban con algún obstáculo.

Después fui desviando mi atención a diferentes partes de mi cuerpo: a mi cadera, al estómago, al corazón, a la garganta, al entrecejo y, finalmente, a la coronilla. Con cada uno de estos órganos la experiencia fue muy diferente. Cuando me guié por mi estómago, por ejemplo, comencé a dudar, lo que entendí como que mis emociones me sacaban un poco de la confianza de la presencia. Cuando me dejé guiar por el corazón, la reacción fue espectacularmente intensa, pues de inmediato mi cuerpo obedeció, cambió el rumbo y comenzó a caminar confiado, alegre, dispuesto y entonces experimenté una sensación de muchísimo amor.

Al final, me llené de toda esa presencia y mis sentidos se pusieron alertas a todo, regalándome experiencias deliciosas, como la caricia de un rayo de sol, la humedad del bosque, la sensación de poder de la tierra… ¡Ufff!

Aquí algunas de mis reflexiones sobre aquella experiencia:

> *A medida que estamos en presencia, es decir, en nosotros mismos, en armonía y aceptación, desarrollamos la confianza de que, pase lo que pase en nuestra vida, tendremos*

la capacidad de verlo a tiempo y de reaccionar de la mejor manera. Además, podemos caminar sin estar a la defensiva (mis manos iban sueltas a mis costados, no en actitud de defensa ni de ataque).

Mientras realicé esta caminata-meditación no tuve frío, no obstante que eran las siete de la mañana y la temperatura era baja; sin embargo, cuando terminé ese ejercicio y empecé a caminar con paso normal entonces sí sentí frío, lo que me llevó a pensar que el calor lo producimos de dentro hacia afuera, despacio, conscientemente, abrazándonos.

Conforme despertamos la intuición, vamos fortaleciendo esa sabiduría interior que, si la escuchamos, tiene la capacidad de guiar nuestro camino, de alejarnos de los obstáculos y de acercarnos a los rayos del sol.

La premura con la que vivimos nos orilla a actuar en automático; de manera que se nos olvida que en cada movimiento que realizamos intervienen muchos músculos, huesos, venas, arterias, conexiones, etcétera. Damos por hechas las cosas, lo cual no nos permite darnos cuenta de los milagros que ocurren a cada instante; nos perdemos y no le damos tiempo a los milagros de que nos "alcancen".

Caminar con los ojos cerrados me permitió abrir mis otros ojos, los de las sensaciones, los de la intuición, los del corazón, los de la emoción, los que están en mis manos, en mi piel y en mis oídos... Cuántas veces tenemos los ojos tan abiertos que no vemos nada...

❖ ❖ ❖

Mi niña tiene hambre

La cosa más aterradora es aceptarnos completamente.

CARL JUNG

El niño interior herido

Estoy convencida de que todos tenemos dentro un niño o una niña que constantemente nos piden que los ayudemos a sanar sus heridas, porque ella o él no saben, a su edad, cómo hacerlo. Esa niña herida es la que llora cuando se siente abandonada, la que se aterroriza cuando tiene que afrontar la realidad, la que no sabe cómo poner límites, la que nos habla haciendo berrinches porque pide a gritos que la escuchemos, igual que un niño que saca malas calificaciones para que sus papás volteen a verlo. Cada vez que comemos, en lugar de poner atención a lo que sentimos, es como si le pusiéramos un chupón a esa niña y le dijéramos: "¡Cállate, no me importa lo que me quieras decir!".

Mi niña interior ha estado muy herida; no sé si los hechos eran reales, pero lo que sí es real es la percepción que tengo de esa herida. Hace poco, buscando respuestas para reconciliarme con mi historia, me senté a platicar con mi mamá, con quien siempre he tenido una relación muy compleja. Por primera vez, sin culpas ni reproches y sin sentirme una víctima, le platiqué cómo me percibía yo cuando era pequeña: "Mamá, me hiciste mucha falta; me sentí sumamente abandonada, no vista, asustada, perdida. Sentía que no era importante para ti, que tenía que ser perfecta para agradarte, porque si no, ibas a querer deshacerte de mí. Tus ausencias me dolían mucho, me dejaban muy desprotegida, no las entendía; aprendí a hacerme muy responsable y reprimida porque sentía que un paso en falso me pondría en grave riesgo de que nadie se quisiera hacer cargo de mí". Le pedí a mi mamá que me dijera cómo se percibía ella frente a esa niña que pedía su atención, en su condición de mujer divorciada que rompía los esquemas no solo de la sociedad, sino los propios y los de su familia. Ella abrió su corazón y me platicó que al principio estaba muy asustada, pero que a la vez sintió que, por primera vez, su vida le pertenecía; se sintió admirada por los hombres, y sí, experimentar esa liberación no le permitió hacerse cargo de mí ni de mi hermana; me confesó que nos dejaba mucho tiempo solas sin que entrara en ella la conciencia de que nosotras resentíamos su ausencia. Hablamos de la época, cuando yo estaba en plena adolescencia, en que se fue a vivir unos meses fuera de la ciudad con su novio y nos dejó a cargo de mis abuelos. Al manifestarle la falta que me hizo en esa etapa tan vulnerable de mi vida, ella me confesó que lloró mucho cuando se fue porque aunque razonadamente no había querido llevarnos para no cambiar el esquema de nuestra vida, en el fondo sabía que algo estaba mal con lo que hacía.

Escuchar que mi madre aceptaba su responsabilidad le dio a mi niña un respiro, como si pudiera entender que sí era importante para ella. Hoy me duele volver a entrar en contacto con esa parte herida de mi ser; sin embargo, poder hablar con mi mamá acerca de ese tema ha validado esos sentimientos que se quedaron guardados durante muchos años en mi corazón y que, aunque los expresaba con rabia y con coraje hacia ella y hacia mí misma, no había podido ponerles palabras de una manera tan compasiva.

Los papeles que desempeñé para sobrevivir y ser amada

Según John Bradshaw en su libro *Volver a la niñez*, todos tuvimos que desempeñar ciertos papeles que nos permitieron sobrevivir y adaptarnos a las circunstancias de nuestra familia. Por ejemplo, yo tuve que volverme responsable porque era la manera en que sentía que me hacía "indispensable" para mi familia de modo que no me abandonaran. Me hice responsable de Mariana, mi hermana; de arreglar los desperfectos, de pedirle dinero a mi papá, de buscar a mi mamá cuando la necesitábamos; de defenderme, de cuidar a mi papá, etcétera. Volverme responsable me impidió disfrutar placeres que me correspondían por ser niña, como el de ser traviesa, espontánea, ingenua, juguetona, etcétera. Para vivir esa "irresponsabilidad" que como niña creía merecer, me daba atracones de tal irresponsabilidad y me volvía sumamente incumplida en otros aspectos, muy desordenada, distraída, ciega ante las consecuencias de lo que decía; era mi forma de tomar algo "a la fuerza", de arrebatárselo a la vida, porque no me lo había dado de manera natural. Al platicar con mi hermana, ella me decía que a la fecha siente que debe procurar que todos los que están a su alrededor se encuentren bien, que no se sientan ofendidos ni contrariados por nada. Es la típica persona que si advierte cierta tensión en el ambiente cuenta un chiste y no soporta los silencios incómodos.

Reflexionando juntas, nos dimos cuenta de que las dos hacíamos cualquier cosa por complacer a los demás; eso era "necesario" para sobrevivir. Literalmente, sentíamos que si dejábamos de agradarles nos abandonarían y entonces podríamos morir: dos niñas de cinco y siete años de edad sin nadie que nos cuidara sí que corríamos un gran peligro. Lo curioso de esto es que continuamos haciendo lo mismo en la actualidad, pues seguimos sintiendo que es de vital importancia complacer a los demás, cuando a nuestros 40 y 42 años de edad no es muy probable que estemos en verdadero peligro de morir si no lo hacemos.

> *Te invito a que medites qué papeles desempeñaste cuando eras pequeña: la inteligente, la bien portada, la complaciente, la rebelde, la incomprendida... Escríbelos y después, junto a cada rol que creas que desempeñaste entonces, describe qué "sacrificaste" para lograrlo. Por último, escribe qué actividades puedes realizar ya de adulta para recuperar lo que te perdiste por llevar a cabo ese papel. Por ejemplo: si fuiste el niño que sacaba solo diez, a costa de lo cual dejaste de jugar, piensa qué puedes hacer hoy para ser más juguetón.*

¿Qué edad tengo cuando quiero un litro de helado?

En una ocasión alguien me platicó que todos los días le gustaba desayunar un litro de helado de chocolate. Entonces le pregunté si era ella, la mujer de 39 años de edad, a la que en realidad se le antojaba ese helado. No entendió lo que intentaba decirle, y entonces agregué: "¿Cuántos años tiene la niña que quiere desayunar helado de chocolate?". Ella cerró los ojos con un gesto de sorpresa y dijo: "Seis".

Te invito a que cada vez que te descubras comiendo sin tener hambre te preguntes qué edad tienes en realidad. Vas a descubrir que por lo general no pasas de los siete años y una vez que lo hagas podrás decirle a la niña de esa edad: "Nena, ¿qué puedo hacer por ti? Hoy ya soy grande y puedo cuidarte; hoy yo estoy a cargo y puedes pedir lo que necesites". Tener este tipo de diálogo con mi niña herida me ha llenado de ternura, de esperanza y me ha dado la certeza de que hoy sí tengo herramientas para cuidarla.

¡Me da miedo crecer!

Crecer provoca mucho miedo. Enfrentarse a las responsabilidades de la edad adulta aterra a cualquiera porque en el fondo todos nos quedamos con necesidades no satisfechas desde la infancia y secretamente guardamos la esperanza de que, si no crecemos, tendremos la oportunidad de poder cubrirlas. Por ejemplo, conozco el caso de una mujer de cuarenta y nueve años de edad que a los ocho fue abandonada por su padre y no volvió a verlo, y ahora ni siquiera sabe si sigue vivo. Su actitud a los cuarenta y nueve años se parece mucho a la de una niña de ocho, berrinchuda, inestable, quejumbrosa… Ha sido incapaz de consolidarse económicamente porque, en el fondo, hacerlo –es decir, "crecer"– aniquila toda esperanza de ser "rescatada y reconocida por su padre". Ejemplos como este hay millones, y para muchos la relación con la comida "ayuda" a no crecer, a seguir sintiéndose necesitadas, víctimas, abandonadas, aterrorizadas, vulnerables.

Los privilegios de ser adulto

No puedo obligar a una niña pequeña a soltar un juguete si no le ofrezco otro mejor. Lo mismo pasa con nosotros cuando nos ha dado miedo crecer: necesitamos abrir nuestro horizonte hacia las maravillas que nos ofrece la vida adulta y responsable. A lo mejor cuando te digo esto piensas: "Ah, qué mujer tan loca, cómo me dice que yo, a mis 36 años, tengo miedo de ser adulto, si ya incluso empiezo a temerle a las arrugas de la vejez". Pues créeme que yo pensaba igual y hace unos días descubrí que a mi edad apenas estoy asumiendo que ya no soy emocionalmente una niña.

Ser adulto implica muchas responsabilidades, pero también la gran oportunidad de tomar nuestras propias decisiones, de luchar por lo que queremos...

En mi proceso, y como una gran herramienta de mi desarrollo, siempre he procurado repetirme frases que me hagan sentir bien y que al mismo tiempo decreten lo que quiero. ¡Son realmente poderosas!

Te comparto algunas:

- "La abundancia, la prosperidad, el éxito, el amor, la belleza y la salud se manifiestan de manera natural en mi vida."
- "Yo brillo y con mi resplandor ilumino a los demás."
- "Es seguro para mí ser delgada y atractiva."
- "Soy capaz de generar para mí cada cosa que necesito."
- "Supero las limitaciones de mis padres y estoy a salvo."
- "Soy libre de ser yo misma."

Estas afirmaciones las repito diariamente; las escribo, las tengo adheridas a mi espejo y se han ido volviendo parte de mí. Cada vez que quiero comer por ansiedad, por ejemplo, me repito que es seguro para mí ser delgada y atractiva, lo cual me proporciona un superpoder para enfrentar los momentos de debilidad.

Ser adultos nos permite darnos cuenta de que a lo largo de nuestra vida hemos ido desarrollando herramientas, capacidades, sabiduría, estrategias y formas que hoy nos permiten reaccionar frente a lo que nos ocurre. Cuando nos sentimos rebasados por una situación difícil, es muy probable que también nos sintamos indefensos como cuando éramos niños. En esos momentos es de gran ayuda estar conscientes de nuestra edad y de nuestro papel como adultos para tomar la fuerza y la perspectiva necesarias para afrontar las dificultades.

Por ejemplo, cuando trabajaba en un desarrollo de bienes raíces tuve una jefa que posee una excelente preparación en el área de estrategias empresariales; ha viajado, estudiado y trabajado mucho en una gran diversidad de casos que han resultado exitosos. Sin embargo, en una ocasión que tenía que negociar con un cliente, comenzó a sentirse insegura y llena de miedos. Cuando platicó en terapia esta experiencia, descubrió que la que tenía miedo era la niña de seis años que había sido juzgada por su padre y que aprendió a acatar órdenes sin cuestionarlas. Realizó un arduo trabajo para traerse a sí misma al aquí y al ahora, a su realidad actual, para vencer aquel miedo que nada tenía que ver con su falta de capacidad, pero sí con una experiencia del pasado.

Una amiga muy querida me platicaba que se sentía rebasada por su responsabilidad de cuidar a sus dos hijos pequeños. Después de una emotiva plática que incluyó mucho llanto y muchos abrazos, pudo ver que ella seguía actuando como una niña de no más de cinco años, tanto en su trabajo como en sus decisiones, sus miedos, su relación de pareja y de madre. Le hizo mucha resonancia el porqué tenía tanto miedo de cuidar a dos menores. ¡A los cinco años, eso a cualquiera le apanicaría!

Reconciliación con mi niña herida[3]

Colócate en una posición cómoda; cierra los ojos, inhala profundamente, exhala. Una vez más, inhala profundamente y exhala. Concentra tu atención en tu respiración e imagina que esta es como las olas del mar, que van y regresan, que van y regresan, que van y regresan... Siente su ritmo, su tiempo, su danza... Visualiza tu propio mar, tus propias olas reventando en la serenidad de una hermosa playa desierta... Tu playa, tu espacio, tu paz. (Diez segundos.) Continúa respirando mientras sientes la temperatura de ese espacio que te pertenece; visualízalo, obsérvalo, créalo. Contempla sus colores, su luz, su paisaje... Indaga si hay algún sonido, una brisa... Siéntate donde quieras... en la arena, en un sillón, en una cama, en un tronco... Observa una vez más tu espacio, descubre sus olores... Mientras haces lo anterior, concentra tu atención en la figura que aparece a lo lejos... Obsérvala, mira cómo se acerca caminando, y de pronto corriendo, pateando la arena, mirando hacia abajo, buscando... ¡buscándote!

Camina directamente hacia ti. Es una silueta muy familiar para ti; trae puesta la ropa que tú conoces tan

---

[3] Te recomiendo que pidas a alguien que te ayude a leerlo, o que lo grabes y lo reproduzcas para que puedas realizar esta actividad a plenitud. Escribe en una hoja todas tus ideas sobre gordura y delgadez que se hayan generado a partir de las experiencias sensoriales que tuviste durante la sesión.

bien; esa gorra o esos aretes, ese peinado, ese juguete... Tiene aproximadamente cinco o seis años de edad; tal vez un poco más o quizás un poco menos. Obsérvalo, detente en su mirada... En la profundidad de esos ojos confirmas tus sospechas: ¡eres tú! ¡Es tu niño interior! En cuanto lo reconozcas, extiende tus brazos para abrazarlo... ¡Ambos esperaron tanto tiempo este encuentro!

Tómalo entre tus brazos... Siente a ese pequeño en tus brazos, pegado a tu corazón, y dile cuánto lo amas... Exprésale todo lo que creas que ese niño desea escuchar. Pídele perdón por no haber estado cuando él lo necesitaba. Dile que hoy entiendes que cada cosa que hizo la realizó de la mejor manera; que hoy sabes que intentó todo por protegerse, por sobrevivir, por pertenecer... por amor. Y dile: ¡TE PERDONO Y ME PERDONO!

¿Qué más necesita escuchar ese niño o esa niña? Díselo en tu mente mientras lo abrazas y te abrazas, diciendo: "Me perdono por no haber sabido que hoy tengo opciones, por no saber que tenía que cuidar a ese niño, a esa niña, por abandonarlo y por abandonarme, por haberlo descuidado y por descuidarme, por haberlo lastimado y por lastimarme". ¿Por qué otra cosa quieres pedirle y pedirte perdón? (Un minuto.)

Ahora, deja de abrazarlo lentamente y visualiza su cara, su mirada, su risa... Sí, ahora ríe y te invita a que te levantes y a que camines con él, con ella.

Reconoce cómo estás y, si lo necesitas, ¡abrázate!... Regresa a esa playa donde está aquel pequeño, esa pequeña... Ahora sí puedes ir con él, con ella. Deja que te lleve. Entonces descubres que es muy juguetón, juguetona; te salpica, corre en zigzag por la playa, se tira en la arena y ahora *tú también lo haces. Hoy tú también puedes hacerlo; hoy tu corazón se ha liberado... Quédate unos segundos jugando con él, con ella. Disfruta la sensación de estar ahí, ligero, feliz, encantado, liberado... Permanece ahí y conserva esas sensaciones... Ahora simplemente concentra la atención en tus sensaciones... Respira... Toma las manos de tu niño, de tu niña, y con una mirada hazle saber que ahora pueden verse de frente a los ojos, sin dolor... Lleva esa imagen a tu corazón; apoya tus manos en él... Respira... Inhala, exhala; inhala, exhala... Vuelve a inhalar profundamente; exhala haciendo un sonido fuerte por la boca. Una vez más, inhala profundamente, exhala otra vez haciendo un sonido fuerte por la boca... Mueve tus manos, tus pies, tu cuello; abre los ojos. Observa el lugar, el piso, el techo y regresa a este espacio, al aquí y al ahora.*

Revisa cómo estás, identifica qué sensaciones permanecen en ti después de esta meditación.

¡Hoy puedo jugar!

Comenzar a sanar a ese niño interior es el mejor método para que comparta lo que de él sigue disponible para nosotros: la inocencia, la capacidad de explorar, de jugar, de reír a carcajadas, de sorprendernos, de ser sin necesidad de agradar.

Te invito a que cuando tengas oportunidad observes con atención a un niño pequeño, de tres, cuatro, cinco, seis años. Identifica qué te llama la atención de él, qué te hace sonreír, qué te da ternura y qué te pone en contacto con esas emociones. Date permiso de sentirlas y atrévete a imitar a ese niño.

❖ ❖ ❖

9

Hacia una sana nutrición emocional

*La vida es eso que ocurre
mientras tú estás ocupado haciendo otros planes.*

JOHN LENNON

Si has llegado hasta aquí es porque este es el momento de que inicies una sana nutrición emocional. No tengo fórmulas infalibles para hacerlo, pero sí estrategias y sugerencias que te servirán de herramientas para lograrlo. A lo largo de este libro he compartido contigo la forma como yo lo he ido alcanzando.

A continuación te invito a poner en práctica las siguientes actividades:

- ✓ Escucha y satisface tus necesidades reales (de comida, de descanso, de diversión, de apapacho, etcétera).
- ✓ Aprende a poner límites.

- ✓ Entra en contacto con tus sensaciones físicas para que te ayuden a entrar en contacto con tus emociones.
- ✓ No intentes llenar con comida los vacíos que experimentas emocionalmente.
- ✓ Pon en práctica acciones concretas que ayuden a llevar a buen puerto tus proyectos.
- ✓ Di lo que sientes.
- ✓ Encuentra y haz lo que realmente te satisface.
- ✓ Concéntrate en lo que sí eres y en lo que sí posees; esto te colocará en la frecuencia de la abundancia.
- ✓ Cambia el "debo hacerlo" y el "tengo que hacerlo" por el "quiero hacerlo".
- ✓ Acepta lo que eres.
- ✓ Da lo mejor con lo que tienes.
- ✓ Ama y respeta tu cuerpo.
- ✓ Revisa y actualiza tus creencias.
- ✓ Haz lo que te gusta hacer.
- ✓ Busca ayuda: terapia, meditación, recreación, deporte, grupos de apoyo; escribe un diario.
- ✓ Realiza acciones de ayuda a los demás.
- ✓ Medita.
- ✓ Busca actividades que te hagan sentir plena.
- ✓ Lee, viaja, observa, aprende, ríe…

Dando un nuevo sentido a nuestra vida

Como seres humanos, nuestra vida requiere tener un sentido; cuando conscientemente se lo negamos, lo encuentra en compulsiones, obsesiones, adicciones, relaciones destructivas, agresiones, etcétera.

Mientras la compulsión tomó el sentido de mi vida, las acciones que yo realizaba y que entonces carecían de sentido para mí, como comer sin detenerme, para la compulsión sí tenían significado.

A medida que comencé a tomar en mis manos el mando y le di sentido a mi vida, mis comportamientos, mis ideas, mis acciones, mis decisiones y mis relaciones con la gente también han cobrado sentido. Hoy es más fácil para mí decidir qué hacer al formularme la siguiente pregunta: "¿Esto que voy a hacer (o decir, o comer, o gritar...) me acerca o me aleja del sentido que le he dado a mi vida?". El sentido que hoy le he dado a mi vida es el de convertirme en una persona congruente que desea ayudar a los demás por medio de mi historia y de mi ejemplo.

Hoy mi historia con la comida se llena de sentido; me ha demostrado lo fuerte que soy, me ha proporcionado las vivencias necesarias para trabajar en la misión que tengo; me ha procurado una relación de respeto y amor con mi mamá; de admiración, libertad y profundo amor con mi papá, y de entendimiento con mis hijas. Me ha dado la fuerza para luchar por lo que quiero. Cada éxito en mi recuperación me llena de energía para buscar más y más. Hoy ya no me rindo, pues sé que merezco obtener todo lo que deseo, siempre y cuando esté en sintonía con mi bienestar real y con el de los demás.

❖ ❖ ❖

Honrando mi historia

Cuando haces una elección de vida, no te olvidas de tu vida.

Samuel Johnson

Hoy se cierra un capítulo en mi vida: el del resentimiento, la culpa, el odio, el abandono, el descuido, el temor. Hoy honro todos los momentos de mi historia porque me han convertido en una mujer sensible, valiente y comprometida. Siempre tuve el sueño de escribir y de contar historias, de ser vista por muchas personas, de hablar y de que mis palabras fueran escuchadas. Nunca imaginé que ese momento llegaría gracias a mi manera compulsiva de comer porque, sí, escribí este libro orillada por aquella forma tan desenfrenada, inconsciente, loca, culposa y dolorosa de manifestarme. Hoy la agradezco y la bendigo.

Llegar a este momento implicó probar muchas cosas. Empecé a escribir este libro hace más de tres años y en ese lapso cientos de veces cambió de forma, de ideas, de palabras. Llegué a abandonarlo. Me dije muchas veces que yo no tenía autoridad para escribirlo. Me dejé llevar por el miedo y la inseguridad, y no me hice ni un reproche por haber actuado así; al final, solo permití que mi intención encontrara el camino para manifestarse y así ocurrió.

Durante una meditación, pedí ayuda para escribirlo. A las dos horas llegó la invitación de mi amiga Martha Carrillo para presentarme a su editora; le platiqué el proyecto y en dos semanas ya estaba redactando esta obra. Dejar de dar por hechas las cosas me ha llevado al inagotable universo de las probabilidades y de los milagros. Llevo cuatro años en este proceso; he tenido altas, bajas, caídas, frentazos, temores, pero siempre me ha acompañado la esperanza y la certidumbre de que voy en el camino correcto. Dejar de creer que mi vida estaba condenada a las dietas y los atracones, al desamor, al abandono y al castigo, me ha colocado en el lugar perfecto para disfrutar lo que tengo: mi sonrisa, mi alegría; a mis amigos y a mis hijas; mis logros y toda la magia que rodea mi vida cada segundo que pasa.

No sé si me encuentro al principio, en medio o al final de un camino; solo estoy convencida de que vivo algo hermoso. Hoy sigo descubriéndome, sorprendiéndome y aprendiendo, pues estoy consciente de que no soy un producto terminado y que esta es una labor en la que hay que luchar a cada instante. Practico y entreno, pues si abandono la práctica quizá pierda habilidad e inercia; sin embargo, nunca regreso adonde estaba antes de comenzar este proceso. Abrir mi alma me ha demostrado que ser vulnerable me da fuerza, que mostrarme me da orgullo y que contar mi historia me libera. El miedo de sentirme diferente de los demás se ha transformado en un regalo, en el regalo que implica asumirme como una persona única y valiosa como tú.

A ti, que eres una persona poderosa, respetable y muy valiente por haber llegado hasta aquí, te recuerdo que no eres mejor ni peor por tener más o menos kilos; tuviste el valor de defender tu vida, de rebelarte a cada dieta y a cada sugerencia de cambio. Hoy te puedo asegurar que estoy convencida de que no hay nada malo en ti, que posees dones maravillosos que están en espera de ser aprovechados. Solo falta que te percates de ello y que le abras espacio a tus alas…

❖ ❖ ❖

Testimonios

De la misma manera que honro mi historia, honro la de las personas que han compartido sus vivencias conmigo, algunas de las cuales se consignan en los capítulos de este libro y estas otras más que te ofrezco a continuación.

Mónica

Puedo decir que mi embarazo fue el de una madre soltera, pues siempre me la pasé sola con mi bebé. Durante las mañanas en el trabajo comía pastelillos y quesadillas, y por las tardes, papas, seis panes con mermelada, mantequilla, azúcar y crema de avellana, o solos, además de palomitas y cuanta cosa se me antojara. Llegué a pesar ochenta y tres kilos con mis 1.56 metros de estatura. Pasaron los años y yo seguía comiendo a todas horas. Por las noches visitaba la cocina, abría el refrigerador y comía lo que había: desde la mitad de un pastel hasta la carne fría que habíamos asado en la tarde. Eso sí, lo hacía sin que nadie me viera. Me sentía en el limbo. A veces me preguntaba por qué no bajaba de peso y yo misma me decía: "Acabo de tener un bebé. Además, así no tendré problemas, pues ya nadie voltea a verme" (en mi adolescencia sufrí acoso sexual). Por otro lado, tener un cuerpo lindo me había causado envidias y celos que no sabía cómo manejar. "No merezco comprarme ropa linda hasta que baje de peso; mejor complazco a mi marido y que él escoja qué debo ponerme. Total, a él no le gusta que me maquille, ni que use faldas, ni que me haga peinados. ¿Para qué me pongo linda?" Hasta que un día me *pintaron* el cuerno y todo mi mundo se vino abajo; no obstante, esa experiencia me permitió ingresar al taller "La comida, mis emociones y yo", donde pude tocar fondo para tomar las riendas de mi vida. Ahí me dijeron: "Voltea a verte; ve tu cuerpo. Es parte de tu historia genética, de tu historia con la comida; es lo que pudiste hacer para enfrentar lo que sucede". Hoy decido amarme y respetarme. Este taller, mi terapia y mis ganas de recuperarme, por mí y por mi hijo, me han permitido sanar. En eso sigo.

Víctor

Mi relación con el peso y la comida ha sido muy mala. La comida me ha servido de escudo durante mucho tiempo, ya que con ella sentía satisfacción y me daba la sensación de que nada podía molestarme. Creo que a partir de que comencé a darme cuenta de esto, pude comprender en realidad lo que es la comida: alimento y nada más. Algo muy difícil para mí fue el divorcio de mis papás; pero no fue por eso que empecé a comer como loquito, sino que fue la punta de lanza de mil cosas más: lo hice para dejar de responsabilizarme de mí, al grado de que llegué a pensar que comer una bolsa grande de frituras o más era normal porque me procuraba placer. Pero como dije, no es solo eso. He vivido situaciones que me frustran y me he dado cuenta de que el único que tiene la obligación de solucionarlas soy yo. Ahora, en una nueva etapa de mi vida, me he dedicado a dar a la comida su justo valor. No ha sido fácil, pues es muy complicado romper con los mitos de la comida y lidiar con los demás. Mi madre dice que tengo que comer más, y mi esposa me tienta mucho con sus platillos. En fin, sé que la comida no es la solución a mis problemas, así que me he dado la oportunidad de aprender a descubrir qué pasa en mí, en mi cabeza, en mi ser. Sé que este será un proceso difícil. En el taller he aprendido a percatarme de las cosas; ahora las vivo, dejo que mis sentidos se manifiesten y que a través de ellos pueda sentirme vivo. Ahora huelo, veo, escucho…

María Eugenia

Debo haber tenido doce o trece años. Me recuerdo parada junto a la estufa, comiendo arroz directamente de la cazuela; ni siquiera me servía en un plato. Entonces sentía una insaciable necesidad de comer. En ese tiempo el peso no me importaba mucho porque yo era muy delgada y lo único que quería era comer y comer. Sin embargo, no me gustaba mi aspecto físico; no me sentía atractiva. A los quince atravesé por un periodo de anorexia que duró dos años, durante los cuales bajé de peso de una manera impresionante y, no obstante, logré sobrevivir porque Dios es muy grande. Yo no sabía qué me estaba pasando: no podía comer y en mi familia nadie tenía las herramientas para ayudarme. Después estuve sumida en una bulimia durante diez años, seguida de una manera compulsiva de comer hasta que asistí al taller "La comida, mis emociones y yo". Ahí me di cuenta de que mi manera de comer era una adicción; de que, si no era adicta a la comida, sería adicta a cualquier otra cosa; y de que la ansiedad por comer solo es el síntoma de una problemática muy profunda que se gestó hace muchos años, tal vez cuando era una niña miedosa e insegura, necesitada de amor y protección.

Al poner en práctica las guías para comer con conciencia, me he dado la oportunidad de comer tranquilamente, disfrutando lo que ingiero y cómo lo hago, sin culpa, consciente de que la comida solo es alimento que le da a mi cuerpo la posibilidad de funcionar adecuadamente y no un pecado por el cual deba pagar con lágrimas y mucho dolor. También me he dado cuenta de que no solo con la comida pierdo el control, sino que lo pierdo en muchos otros aspectos de mi vida, y de que la comida aparece como el apapacho que necesito en momentos de tristeza, de soledad y de desesperación.

Sé que el camino que estoy empezando a andar no será fácil, que requiere mucho trabajo personal, pero estoy dispuesta a seguir adelante porque está en riesgo mi vida. El sufrimiento durante todo este tiempo ha sido constante, y hoy veo la luz al final del túnel. Doy gracias a las personas que han recorrido este camino antes que yo y que han logrado vencer esta enfermedad porque me dan el ejemplo y la esperanza de que yo también puedo hacerlo.

Roxana

Yo quiero compartirles que mi esposo asegura que me ve más feliz. Y es cierto: tengo mejor humor, no he dejado de ir a las clases de salsa… En verdad me quiero más. Ya no escucho frases feas sobre mí; sólo comentarios bonitos. Y cuando empiezo a decirme algo feo, me sorprendo y me digo a mí misma: "¿Adónde vas?" No me siento restringida y cada vez como más sano; sin embargo, ya no siento esa angustia que me obligaba a decir: "¡Ay, me lo comí!" o "¡Qué sacrificio!". Hoy yo decido y por eso me siento poderosa. Al fin comienzo a consentir a esa pequeña que existe dentro de mí con las clases de baile que siempre quise tomar y que me hacen elevarme. Ahora sé que no es tan difícil quererse a una misma y que el amor siempre trae sus recompensas. ¡Yo creo que somos heroínas!

Nuria

Durante el Taller "Comiéndome mis Emociones" fue muy duro volver a enfrentar situaciones como cuando mi mamá me pedía que comiera lo que no me gustaba, o como cuando corroboraba que mi hermana era delgada y yo no lograba bajar de peso. También pude observar mi adolescencia y cómo, en mi afán por evadirme, por no atender mis emociones, me refugié en la comida, en el alcohol y hasta en las drogas. Trataba a mi cuerpo de la peor manera posible. Fue una experiencia muy difícil volver a afrontar esos recuerdos; sin embargo, teniéndolos en cuenta pude comprobar que había más que eso en mí, que en mi interior existía una persona a quien no conocía, que quería expresarse y que usaba el sobrepeso como una forma de protegerse de mi madre y de las personas que pudieran juzgarme. Mi autoestima estaba tan baja que llegué a hacer casi lo que fuera por obtener lo que quería; tuve un sinfín de aventuras sexuales solo con el propósito de que alguien estuviera conmigo, pero al final el resultado era el mismo: me sentía vacía y, obviamente, para llenar ese hueco emocional recurría a la comida, al alcohol, al sexo y a las drogas.

Ahora me doy cuenta de lo que significa comer con conciencia y reconocer los sabores; he aprendido que puedo estar satisfecha con menos comida, que mi cuerpo no es como yo lo había percibido; me siento con más energía. También me doy cuenta de que este no es el final, de que todavía hay momentos en que como porque tengo hambre emocional. La diferencia es que ya no me juzgo. En cambio, me permito una nueva oportunidad para volver a empezar.

Mi cuerpo ha comenzado a cambiar; me siento más habitada, consciente y con mucha energía para seguir trabajando en disfrutar la vida que no me había atrevido a vivir.

❖ ❖ ❖

Agradecimientos

Agradezco profundamente a Dios por haber hecho realidad el sueño de que este libro se haya concretado. Doy gracias a mis hijas, Carla y Daniela, por su paciencia de verme escribir, de noche y de día, en espera de mi atención; a mis padres, por haberse atrevido a compartir conmigo sus miedos más profundos para ayudarme a entender mi historia; a la Virgen de Guadalupe, que guio mis palabras; a Gerardo, por haberme acompañado en muchas de mis batallas y por soportarme pacientemente; a Marisol, por haber emprendido la aventura; a Martha Carrillo, por convencerme de que valía la pena intentarlo; a Doris Bravo, por creer; a Lore, por siempre estar; a Judith, por tantas risas; a Boris Valle, por invitarme a su mundo; a Pati Chapoy, por enseñarme a meditar y a trabajar; a Gaby Mejido, por sus consejos; a la Chiva, por ser tan amorosa; a todos los que han asistido a las pláticas y los talleres y han dejado sus vivencias en mi corazón; a quienes leen mis libros y confirman que estoy en el camino correcto; a todos los autores de quienes he adquirido conocimientos; a Ale Ruiz, por ayudarme a abrirme a mi yo espiritual; a Allan, por hacerme sentir cuidada; a Susy, por ser mi segunda madre; a Mariana Esteva, por ser mi gran cómplice; a Nacho y a Gonzalo Esteva, por su gran amor; a Isa, por su paciencia; a las grandes almas que me enseñan todos los días y me invitan a que nos acompañemos en esta gran aventura llamada vida; y a cada uno de mis maestros, en esta y en otras dimensiones…

❖ ❖ ❖

Bibliografía y fuentes diversas

Referencias bibliográficas

- Albers, Susan, *Eating Mindfully* (Comer conscientemente), Oakland, New Harbinger Publications Inc, 2003.
- Bourbeau, Lise, *Las 5 heridas que impiden SER uno mismo*, México, Diana, 2009.
- Bradshaw, John, *Volver a la niñez*, México, Selector, 1991.
- Gabriel, Jon, *El método Gabriel*, Barcelona, Urano, 2010.
- Hirschmann, Jane y Carol Munter, *When Women Stop Hating Their Bodies* (Cuando las mujeres dejan de odiar su cuerpo), Nueva York, Fawcett Books, 1995.
- Hirschmann, Jane y Lela Zaphiropoulos, *Preventing Childhood Eating Problems* (Prevención de problemas alimentarios en la niñez), Carlsbad, CA, Gürze Books, 1993.
- Roth, Geneen, *Cuando la comida es más que comida*, Barcelona, Urano, 2011.
- ———, *When Food Is Love* (Cuando la comida es amor), Nueva York, Penguin Books, 1991.
- ———, *Why Weight?* (¿Por qué peso?), Nueva York, Penguin Group, 1989.
- Virtue, Doreen, *Losing Your Pounds of Pain* (Perdiendo tus libras de dolor), Carlsbad, CA, Hay House, 1994.
- Williamson, Marianne, *La Dieta del Alma*, Barcelona, Urano, 2011.

Taller

- Esteva, Adriana y Marisol Santillán, *La comida, mis emociones y yo*, 2012.

Artículos

- Calado Otero, María, María Lameiras Fernández y Yolanda Rodríguez Castro, *Influencia de la imagen corporal y la autoestima en la experiencia sexual de estudiantes universitarias sin trastornos alimentarios*, International Journal of Clinical and Health Psychology, 2004.
- Míguez Bernárdez, Montserrat, Julia de la Montaña Miguélez, María Carmen Isasi Fernández, M. González Rodríguez y J. González Carnero, *Evaluación de la distorsión de la imagen corporal en universitarios en relación a sus conocimientos de salud*, Nutrición Clínica y Dietética Hospitalaria, Madrid, 2009.
- Pérez Gil Romo, Sara Elena y Gabriela Romero Juárez, *Imagen corporal en mujeres rurales de la Sierra de Juárez y la costa de Oaxaca: una aproximación nutrio-antropológica*, Estudios Sociales, México, 2008.

Lecturas sugeridas

- Byron, Katie, *Amar lo que es*, Barcelona, Urano, 2002.
- Hay, Louise, *Tú puedes sanar tu vida*, México, Diana, 1991.
- Hicks, Esther y Jerry Hicks, *Pide y se te dará*, Barcelona, Urano, 2005.
- Normandi, Carol y Laurelee Roark, *It's Not About Food*, Nueva York, Penguin Group, 1998.
- Tolle, Eckhart, *El poder del ahora*, Bogotá, Norma, 2008.